FIRMES NA
Graça

*Vivendo a Mensagem de
Graça do Novo Testamento*

David Guzik

A relva murcha, e as flores caem, mas a palavra
denosso Deus permanece para sempre.

Isaías 40:8

Firmes Na Graça
Copyright ©2025 by David Guzik
Título original: Standing in Grace
Tradução: Rudson Moura
Revisão: Edney Alves

Impresso nos Estados Unidos da América ou
no Reino Unido
ISBN 978-1-939466-87-7

Enduring Word
5662 Calle Real #184
Goleta, CA 93117

ewm@enduringword.com Internet Home
www.enduringword.com

As referências das escrituras, a menos que indicadas,
são da Nova Versão Internacional®,
NVI® Copyright © 1993, 2000 by Biblica, Inc.™

Índice

Dedicado a Inga-Lill

Um incrível presente da graça para mim e para muitos outros.

Capítulo Um

O que aconteceu com a Graça?

*Nele temos a redenção por meio do seu sangue, o perdão
das transgressões, de acordo com as riquezas da sua graça*
(Efésios 1:7)

Percorrendo uma prateleira de revistas na biblioteca pública,
notei uma manchete que me chamou a atenção: "[Cristianismo
e Saúde Mental]"[1] Era o artigo de destaque da edição daquele mês
da revista *The Humanist*. A curiosidade falou mais alto e me sentei
para ler o artigo.

Eu não esperava um tratamento simpático do tema vindo
de uma revista com esse título, e o autor, Wendell W. Watters,
confirmou minha expectativa. Após vinte e cinco anos de prática
psiquiátrica, ele chegou à conclusão de que o cristianismo destrói
a saúde mental da sociedade e dos indivíduos. Ele explicou seu
raciocínio no primeiro parágrafo:

> Quero que você considere a hipótese de que
> a doutrina cristã, o consolador existencial por
> excelência, é incompatível com os princípios da
> saúde mental adequada e contribui mais para a

gênese do sofrimento humano do que para a seu alívio.[2]

O restante do artigo tentou provar seu ponto de vista. Não era difícil para qualquer cristão pensante ver que Watters estava no caminho errado e que seu caso não se sustentava. Mas ao ler o que esse homem aparentemente revoltado e amargurado escreveu sobre os cristãos, senti uma reação inesperada: *concordância*. Em mais de um momento, eu me vi concordando com esse crítico determinado do cristianismo. Enquanto tecia meias-verdades com percepções válidas, o autor também conseguiu fazer algumas observações impressionantes. Notei que ele não descreveu como a vida cristã *deveria* ser vivenciada, mas como muitas pessoas *realmente* a vivenciavam. Por exemplo, Watters observou:

> Os cristãos são ensinados que apenas Deus pode atribuir valor às pessoas, salvando-as de seus pecados. Ao se autoflagelarem emocionalmente e proclamarem sua inerente falta de valor e vazio, os cristãos tentam manipular Deus para que sinta pena deles e os salve.[3]

Apesar da linguagem psiquiátrica ambígua, Watters quis dizer que muitos cristãos se castigam emocional e espiritualmente, na esperança de que Deus sinta compaixão por eles.

Ao examinar a oração, Watters escreveu:

> [A oração] demonstra como o cristianismo tende a reduzir seus adeptos a um estado de criança abjetamente chorona, persuasiva e coercitiva - quer o objetivo de uma súplica em particular seja o bom clima, o alívio da dor, o bem-estar das almas queridas que partiram ou simplesmente acumular pontos com a divindade.[4]

Como pastor, eu sabia como era ajudar muitos cristãos que se sentiam da mesma forma. Eles haviam distorcido o que Deus dizia sobre nossa verdadeira necessidade Dele, transformando-o em algo que os mantinha constantemente em culpa e depressão. Para esses

8

crentes, o amor de Deus parecia mais algo a ser *conquistado* do que *recebido*. Aparentemente, Watters tinha conhecido cristãos desse tipo, e ele considerava a experiência deles como o verdadeiro cristianismo.

> O que se espera de um verdadeiro cristão, imerso na doutrina do Pecado Original e no sacrifício de Cristo na cruz, é que conquiste o favor de Deus por meio de todo tipo de autocondenação verbal, busca por falhas em si mesmo e confissão de pecados.

> Um verdadeiro cristão deve estar constantemente em um estado de angústia, pois nunca pode ter certeza de que Deus o perdoou por sentimentos negativos profundamente vivenciados, apesar da confissão católica e da artimanha fundamentalista de autoengano conhecida como ser salvo ou nascer de novo.

> [O cristão está] destinado para sempre à fragmentação e à prostração humilhante diante dos pés do divino "Papai do Céu".[5]

Com essa perspectiva de "verdadeiro" cristianismo, não é de se admirar que este autor do artigo conclua:

> É uma grande demonstração de resiliência do ser humano o fato de alguém sujeito a esse tipo de doutrinação, semana após semana, ano após ano, ainda conseguir desenvolver algum grau de autoaceitação, sem mencionar a autoestima.

> Esse comportamento de autocondenação e autoflagelação representa uma forma de chantagem à moda antiga e, infelizmente, é uma forma que se infiltra em muitos relacionamentos interpessoais.[6]

Foi fácil perceber que aquilo contra o que Watters protestava não era o verdadeiro cristianismo bíblico, mas também fica evidente que muitas pessoas lutam com o tipo de vida cristã que ele descreveu. Eu tive que admitir que às vezes eu lidava com as mesmas concepções falsas sobre Deus e a vida cristã — eu lutava com uma visão de Deus e Sua obra por mim que trazia escravidão em vez de liberdade. Ainda que o pseudocristianismo que Watters atacava não seja bíblico, é a *experiência* de muitos cristãos sinceros.

> O que estava faltando? Qual era a diferença entre a fé destrutiva criticada pelo The Humanist e a vida abundante oferecida por Jesus? Passei a acreditar que o que Watters descreveu - e o que muitos crentes experimentam - é uma vida cristã sem a Graça. Esse tipo de cristianismo é muito mais comum do que eu imaginava, e não afeta apenas os cristãos que se sentem sem valor diante de Deus. O cristianismo sem a Graça também afeta aqueles que se sentem muito bem em seu relacionamento com o Senhor.

Merecedores das Bênçãos

A maioria das pessoas considera *graça* como uma palavra antiquada, representando um conceito pouco familiar. A graça parece não ter o mesmo glamour da última moda espiritual ou de um vento de doutrina. Nos lembra mais de idosos cantarolando "Graça Excelsa" do que de uma nova geração tentando encontrar seu caminho. No entanto, uma compreensão da graça, ou da falta dela, afeta *diretamente* nosso relacionamento cotidiano com Deus. O que a Bíblia diz sobre Sua graça responde a duas perguntas que raramente são faladas, mas constantemente feitas: (1) O que Deus *quer* de mim? e (2) Como Ele se *sente* sobre mim?

Em qualquer domingo, em praticamente qualquer igreja, você verá cristãos que sofrem porque respondem essas perguntas cruciais de forma errada. Olhando além da conversa casual sobre o clima e o jogo de futebol recente, além dos sorrisos falsos e das respostas "tudo bem", você verá crentes que precisam desesperadamente de um melhor entendimento da graça.

Alguns vêm à igreja com entusiasmo e expectativa desenfreados. Eles tem convicção de que receberão de Deus o que estão procurando; afinal de contas, são o tipo de pessoa que Deus gosta de abençoar. Provavelmente, eles tiveram uma boa semana, sem pecados graves e com um cumprimento adequado dos Dez Mandamentos. Leram a Bíblia e oraram um pouco naquela semana. Talvez até tenham tido a tremenda experiência de compartilhar o evangelho com alguém. Seja qual for o motivo, "merecedor das bênçãos" parece estar escrito em seus rostos. Por terem sido o tipo certo de pessoas, eles presumem que Deus é justo e fará o que é certo para eles. Uma boa semente foi plantada, e agora esses merecedores esperam desfrutar de tudo o que lhes é de direito. Ao chegarem à igreja no domingo, sua alegria é genuína e eles mal podem esperar a oportunidade de introduzir nas conversas o que fizeram ou experimentaram recentemente que foi tão agradável a Deus.

Mas nessa mesma manhã de domingo, na mesma igreja, certamente haverá aqueles que acham que *não são elegíveis* para a bênção. Esses fiéis vivem o tipo de experiência cristã nociva descrita por Wendell Watters em *The Humanist*. Eles são, pelo menos no momento, assombrados pela percepção de que não é assim que devem se sentir. Por isso, fazem o possível para se parecer com o que os outros acham que deveriam parecer. Quando as orações são feitas e os cânticos começam, é difícil se livrar da sensação de que eles se desqualificaram para a bênção naquela manhã específica.

Mary, por exemplo, é uma mulher cristã dedicada. Ela vai à igreja semana após semana e cumprimenta a todos com o sorriso que se espera que os bons cristãos deem e recebam. Mas muitos de seus domingos são arruinados pela crença de que Deus não está muito satisfeito com ela. Por exemplo, nesse domingo em particular, ela sabe que perdeu a paciência com os filhos na quinta-feira e se sente péssima por isso. Ela está convencida de que sua falta de autocontrole e a culpa resultante disso, significam que Deus não tem nada de bom para lhe dar hoje. Mary se sente assim com frequência, mesmo quando não consegue pensar em nenhuma coisa específica que tenha feito de errado. Considerando-se desqualificada para a bênção de Deus, ela sabe que este é um domingo para ser mais suportado do que desfrutado.

Quando Mary se sente assim, ela olha para os outros com uma mistura de inveja, admiração e desespero. Todos os outros parecem tão espirituais e tão prontos para receber um toque de Deus. Mas por causa de uma manhã ou semana ruim, os desqualificados, como Mary, têm a desagradável sensação de que precisam pagar um preço por sua vida desregrada. A colheita seca da semente ruim que foi semeada dias antes deve ser suportada, e espera-se uma colheita melhor na semana seguinte.

Pense em alguém sentado ao lado de Mary - vamos chamá-lo de Tom. Tom se sente completamente diferente de Mary, mesmo que isso não seja necessariamente percebido por sua aparência externa. Conquanto Mary se sinta desqualificada para receber a bênção, Tom se sente bastante qualificado porque teve uma *ótima* semana com o Senhor. Ele teve um tempo devocional abençoado com o Senhor quase todos os dias e até falou sobre Jesus a um colega de trabalho. Quando Tom se prepara para o culto, sua atitude é: *"Acho que Deus vai me abençoar hoje porque tive uma semana muito boa"*.

Tanto os qualificados quanto os não qualificados sentam-se juntos no mesmo banco, trocando saudações cordiais. Pode até ser que sejam marido e mulher. Quem quer que sejam, eles vivenciam a adoração e ouvem o sermão de maneira bem diferente, mas nenhum deles pode vivenciá-los da maneira que Deus deseja. Uma pessoa como Tom acredita que a bênção de Deus é inevitável porque ele tem sido um bom cristão. Uma pessoa como Mary sabe que fez uma besteira diante de Deus e que a bênção é impossível. Tanto Tom quanto Mary provavelmente estão vivendo uma vida cristã *sem a graça*.

É fácil ver como alguém como Mary precisa entender mais sobre o amor e a graça de Deus. Mas como nos sentirmos bem com nós mesmos pode ser ruim? Esse tipo de autoconfiança certamente é melhor do que o peso da culpa autoimposta e da depressão. Entretanto, esses bons sentimentos podem ser tão prejudiciais à nossa saúde espiritual quanto os dolorosos sentimentos de inadequação. Um senso confiante de dignidade pessoal está por trás de uma atitude que podemos chamar de "assertiva" ou "otimista", mas Deus pode vê-la simplesmente como orgulho.

Podemos nos sentir confiantes com essa perspectiva positiva, mas também podemos estar em um lugar perigoso, caminhando para a autossuficiência e facilitando a rejeição da participação diária de Deus em nossa vida.

Tanto a atitude "positiva" quanto a atitude "negativa" são comuns, e não é raro os cristãos oscilarem entre os extremos de uma semana para outra. Qualquer uma dessas mentalidades pode causar sérios problemas em nosso desenvolvimento espiritual, apresentando dificuldades que não são exclusivas dos dias de culto. Essas dificuldades podem se estender a aparentemente tudo o que diz respeito à nossa comunhão com Deus. No entanto, ambas as atitudes são corrigidas por uma compreensão do que o Novo Testamento diz sobre a graça. Os problemas de Mary e Tom compartilham a mesma raiz - eles se baseiam em um cristianismo sem a graça. Ambas as perspectivas são venenosas para um cristão saudável e maduro, e elas devem ser corrigidas por uma compreensão e aplicação da graça.

O que aconteceu com a graça?

A graça é a resposta de Deus, tanto para o sentimento de frustração crônica quanto para seu lado oposto, a autossuficiência. Ainda assim, a graça na vida cristã não é o tema de muitos sermões atualmente. Não é que as doutrinas da graça sejam menosprezadas pelos crentes (embora alguns, por ignorância, as rejeitem); na maioria das vezes, elas são simplesmente ignoradas. Muitos equivocadamente veem a graça como um princípio básico, um degrau do qual avançam rapidamente em sua experiência. Outros perdem de vista o que Deus diz sobre a graça em meio à tanta confusão dos ensinos mais recentes.

Muitos pregadores e professores de fato ensinam a graça e a consideram relevante hoje em dia. Outros ainda não conseguem entender ou comunicar seus princípios. Para esses, a graça pode ser uma palavra popular, mas não é genuinamente aplicada.

Talvez o maior problema tenha a ver com a forma como os teólogos tratam o conceito de graça. Muitos acadêmicos usam a palavra *graça* como um bordão conveniente, cuja definição descreve quase tudo relacionado à vida cristã e quase nada relacionado à vida prática. A explicação pomposa de um teólogo sobre a graça pode ser significativa para outros intelectuais, mas geralmente é inútil para o homem ou a mulher no banco da igreja. Felizmente, há estudiosos sérios que permanecem sensíveis à importância da graça na compreensão da Bíblia; mas, novamente, seu público geralmente é formado apenas por colegas acadêmicos e estudantes de seminário. Portanto, o poder da graça se torna irrelevante ao ser definido de forma muito ampla ou muito restrita. E a força da graça é inútil se for encerrada em livros grandes, cheios de palavras complicadas.

Há aqueles que falam sobre a graça e podem usar termos rebuscados ao descrever a salvação das almas, mas frequentemente ignoram o poder transformador que a graça pode ter para nos ajudar a entender mais sobre Deus e sobre nós mesmos. Para esses, a graça só é necessária no início da vida cristã. Há outros que ensinam ou escrevem sobre a graça, mas que aparentemente têm medo dela. Suas discussões geralmente são um prelúdio para nos dizer que devemos nos proteger contra qualquer ensinamento que incentive as pessoas a pecarem.

Como alguns pregadores temem que o enfoque na graça incentive os outros a pecar livremente, a graça é apresentada apenas pela metade. O que é dado com a mão direita é retirado com a esquerda. Esse tipo de ensino inibe a graça. Ele oferece uma dose pequena e diluída da verdade - apenas o suficiente para nos fazer pensar que sabemos tudo sobre ela. Uma apresentação indiferente da graça contribui para um cristianismo sem a graça.

Mas não precisamos viver dessa forma. Quando a igreja entende erroneamente a graça, ou ela se vê condenada a ter cristãos fracos, tímidos e inseguros ou a ter aqueles que são orgulhosos e confiantes em si mesmos. No entanto, nós *podemos* abraçar a verdade da graça a despeito desses livros de teologia complexos e distantes, e colocá-la no coração e na mente dos crentes que têm fome de Deus. Quando isso acontece, ocorre uma revolução pessoal. O cristianismo floresce quando levamos a graça de Deus a sério; começamos a ver o avivamento em nossa própria vida, bem como na igreja.

O que a Graça Pode Fazer

Você precisa saber mais sobre a graça de Deus se você se sente:

- desanimado ou desqualificado para receber as bênçãos
- orgulhoso e autoconfiante
- cansado de uma vida cristã cheia de altos e baixos
- inadequado diante de Deus e dos outros
- escravo das opiniões dos outros
- temeroso e inseguro
- impotente na luta contra o pecado

Uma compreensão mais elevada da graça de Deus pode fornecer a chave para a vitória em cada uma dessas áreas que lutamos. Isso significa adotar uma nova abordagem para o assunto da graça, deixando a Bíblia falar com o poder que ela tem. Dessa forma, podemos alcançar o mesmo entendimento da graça que os escritores do Novo Testamento adquiriram.

No final do século XX, o grande pregador escocês Alexander Maclaren declarou:

> "Agora, aquela palavra 'graça' desempenhava um papel muito maior nos pensamentos de nossos pais do que nos nossos; e não sei se existe algo mais necessário para o cristão comum desta geração do que redescobrir a amplitude e a majestade daquela palavra antiquada e fora de moda."[7]

Na mesma época de Maclaren, o pregador inglês Charles Spurgeon desafiou seus ouvintes em um sermão sobre 1 Coríntios 15:

> O que *você* sabe sobre a graça de Deus? "Bem, eu
> frequento um local de adoração regularmente."
> Ok, mas o que você sabe sobre a *graça de Deus*?
> "Sempre fui um homem íntegro, honesto,
> verdadeiro e respeitável." Fico feliz em ouvir isso,
> mas o que você sabe sobre a graça de Deus?[8]

Uma geração mais tarde, James Moffatt escreveu em seu extraordinário livro, *Graça no Novo Testamento*:

> De fato, poucos serviços seriam mais benéficos
> ao Cristianismo nos dias de hoje do que manter
> e, se possível, reafirmar o significado da graça
> conforme os escritores do Novo Testamento
> procuraram compreendê-la.[9]

Esses homens sabiam que os cristãos de sua geração precisavam reivindicar o reconhecimento das grandes doutrinas da graça e aplicar essas verdades em sua totalidade. Essa necessidade era evidente em seus dias; é ainda mais evidente em nossos dias. Há muito cristianismo sem a graça sendo vivido hoje.

Atender a essa necessidade requer tanto uma análise do que os escritores do Novo Testamento dizem sobre a graça de Deus quanto uma aplicação do que o Espírito Santo disse às nossas vidas hoje. No entanto, para fazer isso, precisamos começar do início: o que é graça?

Capítulo Dois

Graça Excelsa

E, se é pela graça, já não é pelas obras; se fosse, a graça já não seria graça. (Romanos 11:6)

O cristianismo sem a graça é um problema. Compreender e receber a graça de Deus é a solução, mas muitos cristãos têm uma compreensão limitada do que é a graça.

De acordo com Steve Turner em seu livro *Graça Excelsa: A história da canção mais amada dos Estados Unidos (trata-se do célebre hino Graça Excelsa de 1772)*, em dezembro de 1999, o jornal *USA Today* sugeriu vários itens para uma suposta cápsula do tempo a ser preparada para a virada do milênio. Os itens coletados comunicariam a essência do século XX para o futuro. Os itens incluíam bonecas Barbie, um abridor de latas, um Chevy Camaro e a partitura do hino "Graça Excelsa (Amazing Grace)".[10]

Embora a música "Graça Excelsa", cantada por Judy Collins, tenha se tornado um dos dez maiores sucessos das paradas musicais americanas em 1971[11], o ataque terrorista de 11 de setembro fez com que a música parecesse ainda mais querida pelos americanos. Turner observa:

A música foi usada em cultos nas igrejas, reuniões fúnebres, concertos de homenagens e enterros. Ela foi tocada na Fourteenth Street, em Manhattan, por um grupo do Exército da Salvação, enquanto voluntários carregavam caminhões de suprimentos para ajudar no Marco Zero. Os flautistas da polícia de Nova Yorque a tocaram no início do culto "Ore pelos Estados Unidos" realizado no Yankee Stadium. Trabalhadores da Cruz Vermelha cantaram essa música no local em Shanksville, Pensilvânia, onde o voo 93 da United Airlines caiu em um campo depois que seus sequestradores foram aparentemente dominados por passageiros corajosos.[12]

Para muitos cristãos, a expressão mais significativa e eloquente da obra da graça de Deus está expressa nessa famosa canção. Talvez você possa citar os versos de cor, mas para uma bênção maior, leia-os com atenção:

Oh, graça excelsa de Jesus!
Perdido, me encontrou!
Estando cego, me fez ver;
Da morte me livrou!

A graça libertou-me assim,
E meu temor levou.
Oh! quão preciosa é para mim
A hora em que me achou!

Mil lutas, dores, tentações
Caíram sobre mim,
Porém, a graça me salvou!
Feliz eu sou, enfim!

"Graça Excelsa" é de fato uma ótima música sobre a graça de Deus. Mas a glória da graça deve ser mais do que cantada; ela também deve ser experimentada em nossa vida. É interessante notar que o homem que escreveu esse hino tão querido foi, de fato, alguém que foi profundamente tocado pela graça de Deus. Seu nome era John Newton.

Depois de tentar abandonar a Marinha Real quando jovem,[13] Newton se viu em um navio que voltava para a Inglaterra pelo Canadá. Ao largo da costa de Newfoundland, seu navio enfrentou uma terrível tempestade. A situação tornou-se desesperadora - das 3 da manhã ao meio-dia, Newton foi obrigado a operar as bombas que impediam que a água afundasse o navio. Todas as provisões foram jogadas ao mar ou se estragaram, e havia pouca esperança de sobrevivência. Newton se sentia exausto e com um medo mortal, e não sabia nadar. Nesse momento de grande medo, escuridão e pavor, ele se lembrou de sua mãe piedosa. Então, em algum lugar na costa de Newfoundland, Newton chegou ao seu limite e se converteu. Enquanto isso, o navio atravessou a tempestade e chegou a águas mais calmas.

Mesmo depois de sua conversão, Newton continuou sendo capitão de um navio negreiro, mas seus olhos acabaram se abrindo para a crueldade do que ele fazia. Assim, ele deixou o comércio de escravos, tornou-se pastor e acabou trabalhando para tornar a escravidão ilegal no Império Britânico.

Com oitenta e dois anos de idade, o ex-escravagista resumiu sua vida dizendo: "Minha memória já quase se foi, mas eu me lembro de duas coisas: que sou um grande pecador e que Cristo é um grande Salvador".[14] A vida de Newton havia mudado genuinamente com sua compreensão da graça excelsa de Deus.

Infelizmente, ainda que "Graça Excelsa" seja considerado um dos hinos mais populares do mundo, poucos cristãos conhecem a graça de Deus da maneira maravilhosa que o autor desse hino conheceu.

O Significado da Graça

Se você se sente limitado em sua compreensão da graça, não desanime; provavelmente não é culpa sua. Esta geração não tem sido ensinada o suficiente a respeito da graça, portanto, se você tem dificuldade para entendê-la, está em boa companhia.

Um notável teólogo cristão da antiguidade, Agostinho de Hipona, ficou sem palavras ao descrever a graça. Mesmo sendo um profundo pensador e estudioso, acredita-se que quando alguém lhe perguntou o que era a graça, ele respondeu: "O que é a graça? Eu sei até você me perguntar; quando você me pergunta, eu não sei!"[15]

Quando os especialistas em teologia falam sobre a graça, eles geralmente usam termos complicados; no entanto, entender o que a Bíblia diz sobre a graça não precisa ser um mistério.

Perto do final de seu primeiro mandato como presidente, Ronald Reagan organizou um elegante Jantar de Estado para François Mitterrand, o Primeiro-Ministro da França. Enquanto um mordomo conduzia o presidente e o primeiro-ministro até a mesa deles, a Sra. Mitterrand de repente parou. Ela se virou para o presidente Reagan e calmamente disse algo a ele em francês. Ele não entendeu, e tanto Reagan quanto o mordomo fizeram um gesto para que ela continuasse e, novamente, muito calmamente, ela repetiu sua declaração para o presidente.

Um intérprete finalmente explicou o problema - o Presidente estava pisando no vesti dela![16] A falta de compreensão causou um breve momento de constrangimento. Mas nossa incapacidade de entender o que é a graça pode ter consequências eternas.

Muitos teólogos entendem mal a graça quando deixam de enfatizar que a graça de Deus é *pessoal*. É mais do que uma descrição da ação de Deus ou de Seu poder para nos ajudar; ela descreve como Deus *se sente* em relação a nós. A graça, conforme ensina o Novo Testamento, não é uma palavra fria ou um termo técnico; ela está repleta do calor, do amor e da afeição de Deus. Ver a graça em termos abstratos e excessivamente técnicos leva exatamente ao tipo de cristianismo sem a graça que devemos evitar.

O que significa a palavra *graça*: Seu uso não cristão

Quando os escritores apostólicos, inspirados pelo Espírito Santo, começaram a escrever os Evangelhos e as cartas do Novo Testamento, eles usaram a antiga palavra grega *charis* para descrever o conceito cristão de graça. Se quisermos entender o que o Novo

Testamento quer dizer com o termo *graça*, devemos começar com uma compreensão do que charis significava para seus antigos usuários.

Um bom vinho tem muitos tons e nuances de sabor distintos, e o trabalho de um degustador de vinhos é avaliar e distinguir essas diferenças sutis. Da mesma forma, as palavras importantes também têm vários tons e nuances, e os bons "degustadores de palavras" estudam cuidadosamente essas distinções para obter um entendimento completo dessas palavras.

Um dos mais fortes "tons" da palavra *charis* é "aquilo que desperta prazer ou proporciona alegria".[17] Nos tempos antigos, se você fosse a uma corrida de carruagens e o entretenimento da competição fosse agradável de assistir, poderíamos dizer que as corridas de carruagens tinham *charis* porque lhe traziam alegria. Moffatt colocou bem a questão quando escreveu: "O que alegrava os homens era chamado de charis."[18] Nos tempos modernos, usamos uma palavra semelhante que expressa esse pensamento. Se uma pessoa tem uma personalidade magnética ou um charme único, dizemos que ela tem *carisma*, que vem da mesma palavra grega.

Charis também transmitia a ideia de *beleza*, uma beleza que dá prazer e desperta alegria em nós. Ainda hoje, dizemos que um dançarino ou atleta que se movimenta com beleza é gracioso ou cheio de graça. Usamos a palavra *graça* para pessoas ou coisas com beleza e estilo. A pessoa marcada pela graça é considerada adorável e elegante, e pensamos nela como se não tivesse nenhuma mancha ou deformidade.

A palavra *charis* também era usada em associação com poder ou ajuda sobrenatural.[19] Na literatura da Grécia antiga, charis era vista, às vezes, como um poder místico que influenciava sobrenaturalmente a personalidade do homem com sua bondade e beleza. Às vezes, pensava-se que era como um feitiço mágico, invisível e sobrenatural, mas cheio de poder. Era comum que os antigos pensassem nos deuses (ou em Deus) concedendo essa graça sobrenatural ao homem.

Por fim, a palavra *charis* transmitia a ideia de um favor imerecido ou de uma atitude de bondade a quem não merece. Era considerada a expressão ativa de ajuda e auxílio altruísta.[20] O famoso filósofo grego Aristóteles definiu a palavra da seguinte forma:

> Ajuda a alguém em necessidade, não em troca de algo, nem para o que ajuda possa receber algo, mas para o bem da pessoa que é ajudada.[21]

Charis poderia ser usada para descrever uma bênção inesperada ou um agrado, como um presente ou benefício imprevisto. O propósito de dar um presente de "charis" estava na vontade do doador, não naquele que o recebia.

Devemos reconhecer uma diferença importante entre o uso comum da palavra *graça* e a maneira como o Novo Testamento a utiliza. Os gregos antigos conheciam a graça e a valorizavam, mas pensavam na graça como um favor apenas entre amigos. A ideia de que alguém poderia mostrar esse grande favor, beleza, ajuda sobrenatural e bondade imerecida a um inimigo era completamente estranha para eles. O conhecido estudioso de grego Kenneth Wuest diz:

> Em seu uso entre os gregos pagãos, referia-se a um favor feito por um grego a outro por pura generosidade de seu coração e sem nenhuma esperança de recompensa.... No caso dos gregos, o favor era feito a um amigo, nunca a um inimigo. No caso de Deus, o favor foi feito a um inimigo, o pecador, amargurado em seu ódio contra Deus, para este o favor foi feito.[22]

Quando Paulo e os outros escritores do Novo Testamento usaram a palavra *charis*, eles mantiveram suas associações de alegria, favor, beleza, ajuda sobrenatural e favor imerecido. Devemos ter em mente todos esses "tons" ao estudarmos uma palavra tão importante do Novo Testamento.

O grande mestre da Bíblia G. Campbell Morgan oferece esta descrição da graça em seu comentário sobre o livro de 2 Coríntios:

Primeiramente, significava tudo no reino da beleza, em oposição à feiura, da força em oposição à fraqueza, da saúde em oposição à doença, do amor em oposição ao ódio. O reino estético, o reino da beleza, da glória, da saúde e da força, tudo o que é elevado, em oposição a tudo o que é baixo - graça, charis. Em seguida, em escritos posteriores, assumiu um novo significado, e era o desejo de transmitir isso a outras pessoas. Estou me referindo ainda à literatura grega. Então, esses escritores do Novo Testamento pegaram essa ideia e a elevaram para um plano superior, e ela se tornou uma palavra que representa a atividade que satisfaz o desejo de compartilhar com outras pessoas, coisas de saúde, beleza e glória, em vez de vergonha.[23]

Wuest escreveu de forma poderosa sobre a relação entre o entendimento clássico de *charis* e o uso dessa palavra no Novo Testamento:

A palavra grega para "graça" é uma palavra maravilhosa. O arcebispo Trench diz o seguinte sobre ela: "Não é exagero *dizer que a mente grega não se expressou em nenhuma palavra, e tudo o que estava em seu coração, de forma mais clara do que nessa.*" Quando a palavra é trazida para o Novo Testamento, pode-se repetir a afirmação de Trench, porém substituindo a palavra "grega" por "Deus". Não é exagero *dizer que Deus, em nenhuma palavra, expressou a Si mesmo e tudo o que está em Seu coração* de forma mais clara do que nesta palavra.[24]

Charis era uma palavra popular no Novo Testamento, especialmente com o apóstolo Paulo. Todas as cartas que ele escreveu começam e terminam dizendo "graça a vocês" de alguma forma. Paulo ficou tão fascinado com o conceito de graça que até inventou palavras a partir da raiz de charis. Uma dessas palavras é *charismata*, que Paulo chamava de "dons da graça" e que nós normalmente chamamos de "dons espirituais". Sem dúvida, charis e as ideias por trás dela eram essenciais para o evangelho que os apóstolos pregavam. Moffatt diz:

> A religião que fundamenta os escritos do Novo Testamento é uma religião da graça, ou não é nada... Sem a graça, sem o evangelho; é nisso que tudo se resume quando você estuda os documentos clássicos da igreja primitiva.[25]

Charles Ryrie também reconheceu a centralidade da graça para a fé cristã quando disse: "Sem a graça, o cristianismo não é nada".[26] O lema da igreja primitiva, e especialmente do ministério de Paulo, era "Tudo é pela graça, e a graça é para todos"[27].

Graça: O favor imerecido de Deus

Talvez a descrição mais conhecida dessa palavra importante do Novo Testamento seja a de que a graça é o favor imerecido de Deus. Essa definição se tornou meio que um clichê, mas é um ponto de partida correto e útil para se chegar a um entendimento útil da graça.

Dizemos que a graça é *de Deus* porque a Bíblia ensina que a graça é um aspecto essencial de Seu caráter. A simples observação de como Ele lida com indivíduos e nações na Bíblia mostra que Ele é um Deus de graça. Por exemplo, a escolha de Abraão e da nação que viria dele não se baseou na bondade ou no valor deles, mas na poderosa graça de Deus. Nada neles merecia o status especial de povo escolhido de Deus. A concessão desse favor mostrou que Deus estava sendo gracioso em Seu relacionamento com Abraão e seus descendentes. O povo de Israel muitas vezes testou Deus e se rebelou contra Ele, mas Ele continuou demonstrando Sua incrível graça e paciência com Israel durante a jornada no deserto. Mesmo quando Deus corrigiu Israel, Ele o fez como uma expressão de Seu amor pela nação.

Deus fala especificamente de Si mesmo como um Deus de graça. Quando Moisés subiu ao Monte Sinai para receber a Lei, ele pediu o privilégio de ver Deus. Deus se mostrou a Moisés com poder e glória, declarando um título que revelava Seu caráter. Moisés aprendeu sobre o tipo de Deus que os havia libertado do Egito:

> *E passou diante de Moisés, proclamando: "Senhor, Senhor, Deus compassivo e misericordioso, paciente, cheio de amor e de fidelidade."* (Êxodo 34:6)

O Deus de Moisés e do Monte Sinai era um Deus gracioso, de misericórdia e bondade. Moisés sabia com certeza que o Deus que os guiaria pelo deserto era um Deus cheio de graça e misericórdia.

A maneira como Deus lida com as pessoas expressa Sua natureza graciosa. Mesmo no julgamento, Ele mostra graça. Quando a cidade de Jericó enfrentou o julgamento de Deus pelos exércitos de Israel, Deus mostrou Sua graça ao enviar espiões para oferecer à Raabe uma maneira de escapar do julgamento que se aproximava. Ela era uma prostituta gentia, mas Deus mostrou favor aos indignos, mesmo em meio a um julgamento bem-merecido.

A Bíblia mostra que Deus é um Deus generoso que dá vida, amor, misericórdia, perdão, cura, poder, orientação e libertação a pessoas que não merecem nada disso. Esse aspecto de Sua natureza, que dá coisas boas aos que não merecem, pode ser chamado de *graça*.

Também vemos o Deus da graça por meio da vida de Jesus. Jesus revelou perfeitamente a natureza e a atitude de Deus, e essa revelação foi repleta de graça. Na introdução de seu evangelho, João diz: *"A graça e a verdade vieram por Jesus Cristo"* (João 1:17). Jesus foi a personificação da natureza do Pai; Ele exemplificou completamente a graça ao andar entre os homens. Ele convidou abertamente os pecadores que não mereciam conhecer Deus e ter um relacionamento com Ele por meio da pessoa e da obra de Jesus. A graça de Deus em Jesus atraía os homens para longe de seus pecados e de si mesmos e para o próprio Deus.

A graça é uma característica de Deus em Sua natureza trinitária. A Bíblia descreve o Pai como o Deus de toda graça:

> *O Deus de toda a graça, que os chamou para a*
> *sua glória eterna em Cristo Jesus, depois de terem*
> *sofrido durante pouco de tempo, os restaurará, os*
> *confirmará, lhes dará forças e os porá sobre firmes*
> *alicerces.* (1 Pedro 5:10)

Em João 1:14, lemos que Jesus é a revelação da graça:

> *Aquele que é a Palavra tornou-se carne e viveu entre*
> *nós. Vimos a sua glória, glória como do Unigênito*
> *vindo do Pai, cheio de graça e de verdade.*

E em uma passagem de advertência, o escritor aos Hebreus diz que o Espírito Santo é o Espírito da graça:

> *Quão mais severo castigo, julgam vocês, merece aquele*
> *que pisou aos pés o Filho de Deus, que profanou o*
> *sangue da aliança pelo qual ele foi santificado, e*
> *insultou o Espírito da graça?* (Hebreus 10:29)

A graça é um aspecto essencial da natureza de Deus, e toda a verdadeira graça vem Dele. No Novo Testamento, a graça é certamente o favor imerecido *de Deus.*

Recebendo o que não merecemos

Dizemos que a graça é imerecida porque sua concessão não é merecida por aquele que a recebe. A razão para conceder a graça só pode ser encontrada no doador, que é Deus. Paulo diz claramente em sua carta aos Romanos:

> *Ora, o salário do homem que trabalha não é*
> *considerado como favor, mas como dívida.... E, se é*
> *pela graça, já não é mais pelas obras; se fosse, a graça*
> *já não seria graça.* (Romanos 4:4 e 11:6)

Paulo afirma isso de forma simples: A graça não pode ser conquistada da mesma forma que um salário é ganho. Se a graça é merecida de *alguma* forma, então ela não é mais graça. A graça não tem absolutamente nada a ver com o mérito de quem a recebe.

Vou exemplificar com uma situação imaginária.

João e Joana são ambos bons cristãos. Um dia, João disse a Joana: "Joana, por você ser uma pessoa tão boa, vou lhe dar um dólar".

Isso é graça? Não, porque João está dando a Joana por causa de algum mérito ou bondade que existe nela. Claro, João está sendo *generoso* e *gentil*, mas não está demonstrando o tipo de graça que o Novo Testamento descreve.

Agora é a vez de Joana. Ela diz: "João, sei que você odeia roer as unhas e tem tentado parar. Você está se saindo tão bem que vou recompensá-lo com um dólar".

Isso é graça? Claro que não. Novamente, a doação de Joana é motivada por algo que João fez (ou deixou de fazer). Da mesma forma, a graça de Deus não é concedida por causa do que fazemos ou deixamos de fazer por Ele.

A doação só é feita pela graça quando Joana dá porque quer dar. A doação não pode ter nada a ver com o que o João fez ou com o que ele promete fazer no futuro. Conforme mencionado, tanto João quanto Joana são boas pessoas. De fato, João pode ser tão bom que *merece* um dólar. Mas se Joana estiver dando pela graça, não importa se João é bom ou não; ela dá porque gosta de doar.

Deus, em Sua graça, é esse tipo de doador. A graça não se importa se você é merecedor ou não. Ela não diz que você não merece (como veremos mais tarde, a *lei* diz isso); ao contrário, a graça diz que o fato de você merecer não tem nada a ver com a doação de Deus. A graça é dada tanto aos que merecem quanto aos que não merecem, porque Deus se recusa a procurar um motivo para dar a quem recebe. A graça é dada sem qualquer pensamento de mérito por parte daquele que recebe. Sua causa e motivação estão apenas no doador.

Se a graça não é tratar uma pessoa como ela merece, também não é tratar uma pessoa *melhor* do que ela merece. Joana poderia dizer a João: "João, você é bom o suficiente para merecer cinquenta cent, mas como sou uma pessoa generosa, vou lhe dar um dólar".

Muitas pessoas acreditam que é assim que a graça de Deus funciona. Elas acreditam que merecemos apenas um pouco de Deus (talvez tenhamos merecido por causa de nossa fé ou arrependimento), e que a graça significa que Deus dá muito quando merecemos pouco. Isso não é graça de forma alguma, porque o princípio do merecimento ainda está presente. João merece algo; Joana simplesmente lhe dá mais. A graça lida conosco completamente à parte do princípio do merecimento. Como diz Charles Ryrie: "A graça, por sua própria natureza, não pode envolver nenhum mérito."[28]

Em Mateus 20, Jesus contou uma história que ilustra como a doação de Deus não se baseia no merecimento do homem. Essa parábola - como todas as parábolas - não tem a intenção de ensinar um sistema completo de teologia. Ela enfatiza uma verdade específica: o direito de Deus de dar por graça, não de acordo com a ideia do homem de quem merece uma recompensa.

Jesus falou sobre um proprietário de terras que precisava de trabalhadores para trabalhar em sua vinha. Em uma manhã bem cedo, o fazendeiro contratou vários trabalhadores no mercado e concordou em pagar-lhes um denário (o salário diário padrão de um trabalhador). Mais tarde, por volta das 9 horas da manhã, ele saiu e contratou mais trabalhadores. Ao meio-dia e novamente às 15 horas, ele persuadiu ainda mais homens a virem trabalhar para ele. Finalmente, às 17 horas, ele encontrou mais trabalhadores dispostos a trabalhar e os contratou. A todos os trabalhadores que contratou a partir das 9 horas, ele simplesmente disse: "O que for justo vocês receberão". Quando o dia de trabalho terminou, ele começou a pagar seus trabalhadores, começando com aqueles que foram contratados no final do dia.

Embora os que foram contratados por último tivessem trabalhado apenas uma hora, o fazendeiro lhes pagou um denário - o salário de um dia inteiro. Posso imaginar como estavam animados os trabalhadores que haviam começado no início do dia. Quando viram os homens que haviam trabalhado apenas algumas horas serem pagos por um dia inteiro, provavelmente pensaram: *"Se o proprietário lhes paga por um dia inteiro de trabalho, provavelmente nos pagará por dois ou três dias. Afinal de contas, trabalhamos duas ou três vezes mais do que os que chegaram mais tarde."* No entanto, quando o proprietário pagou todos os trabalhadores, ele deu a cada um deles o salário de um dia inteiro, independentemente do dia de trabalho ter começado ao amanhecer ou ao meio-dia.

Quando os homens que foram contratados no início do dia receberam seus salários, eles reclamaram. Eles achavam injusto o fato de terem trabalhado o dia inteiro e receberem o mesmo pagamento que aqueles que haviam trabalhado apenas uma hora. Então, o fazendeiro disse a esses trabalhadores que reclamavam:

> *Receba o que é seu e vá. Eu quero dar ao que foi contratado por último o mesmo que lhe dei. Não tenho o direito de fazer o que quero com o meu dinheiro? Ou você está com inveja porque sou generoso?* (Mateus 20:14,15)

Essa parábola não é uma ilustração perfeita da graça, porque os princípios de trabalho e merecimento estão envolvidos. Mas o que ela mostra sobre a graça de Deus é suficiente para deixar a maioria de nós desconfortável. Na parábola, Deus parece ser injusto. Afinal de contas, as pessoas que trabalharam mais tempo não deveriam receber um salário melhor? O valor de um dia de trabalho não é melhor do que o valor de uma hora? Mas o que Jesus mostrou foi que Deus pode dar a um homem ou a uma mulher a partir das riquezas de Sua bondade, *totalmente independente* do que eles merecem. Para ser sincero, os homens que trabalharam apenas uma hora não *ganharam* tanto dinheiro quanto aqueles que trabalharam um dia inteiro, mas o proprietário da terra decidiu dar a eles, e poderia fazê-lo se quisesse.

E se você descobrisse amanhã que alguém no seu local de trabalho recebeu um bônus enorme, acima e além do salário normal? É claro que você recebeu exatamente o que esperava, mas seu colega de trabalho recebeu esse presente inesperado. Talvez você estivesse na empresa há mais tempo, talvez tivesse mais responsabilidades e talvez até tivesse trabalhado mais do que o seu feliz colega de trabalho, mas o chefe deu o bônus a *ele* em vez de você. Como você se sentiria com isso? Você ficaria feliz com seu colega de trabalho ou ficaria com raiva do seu chefe? A maioria das pessoas provavelmente reagiria da mesma forma que os primeiros trabalhadores da parábola de Jesus - ressentindo-se da generosidade de seu chefe.

Muitos de nós adotamos essa mesma atitude em relação à vida cristã e, na verdade, desprezamos a graça de Deus quando ela é concedida a outras pessoas. Talvez tenhamos um sentimento secreto de que essa bondade imerecida deva ser demonstrada somente a *nós*. Lembre-se de que seu chefe pode não ter autoridade para mostrar esse favor imerecido a qualquer funcionário, mas o ponto da parábola de Jesus é que Deus tem esse direito. O Rei dos Reis pode tratar com justiça homens e mulheres com base na graça, independentemente do que eles possam ou não merecer. Não há dúvida sobre o direito de Deus; há apenas uma questão de nossa resposta. Responderemos à graça soberana de Deus com ressentimento ou com alegria?

O aspecto inquietante dessa parábola e de sua apresentação da graça é que geralmente *gostamos* do sistema em que todos recebem o que merecem. É previsível e seguro. Afinal de contas, é nobre recusar a caridade e ganhar seu próprio sustento. De acordo com a regra "Você só recebe o que merece", nunca há dúvida de qual é a sua posição no mundo e não há dúvida sobre como você chegou lá.

No entanto, nunca devemos nos esquecer de que o reino de Deus não é regido por um princípio que exige que todos *conquistem* seu espaço. Ainda que Deus reconheça e recompense o serviço dedicado, Ele não tem a obrigação de dar ou abençoar de acordo com o nosso merecimento. É por isso que a pessoa que confia em Cristo e recebe a salvação em seu leito de morte pode ir para o mesmo céu que a pessoa que serve a Cristo fielmente por oitenta anos. Do ponto de vista do homem, isso não é justo ou correto, mas, aos olhos de Deus, mostra a glória de Sua graça.

Deus Gosta de Nós

Por fim, dizemos que a graça é o *favor* imerecido de Deus, porque isso nos diz como Deus *vê* e se *sente* em relação àquele a quem Ele concede Sua graça. Ele vê essa pessoa sob uma perspectiva favorável. Na época de Paulo, a palavra *graça* (charis) era usada para descrever o favor do imperador, por meio do qual ele concedia presentes e bondade às cidades e ao povo do Império Romano.[29] Receber a charis do imperador significava que você era tido em consideração especial pelo imperador de Roma. Receber a graça de Deus significa que você é tido em consideração especial pelo Deus do universo. Essa é a atitude Dele em relação àqueles que recebem Sua graça. Ele *gosta* deles!

Podemos ver isso com mais clareza ao analisar a palavra *desgraça*. Quando somos "des-graçados" (não agraciados), não gozamos de favor e não somos vistos sob uma boa perspectiva. Nesse momento, tudo o que conhecemos é vergonha e degradação - nenhuma honra, glória ou aprovação. Felizmente, o crente não é *des-graçado*, mas é agraciado por Deus. O cristão desfruta do favor e do prazer de Deus, e isso é motivado por Sua natureza graciosa e generosa, a despeito de qualquer obra ou habilidade daquele que crê.

Para muitos, essa é uma verdade difícil de aceitar. Podemos chegar ao ponto de acreditar livremente que Deus nos ama, mas é mais difícil acreditar que Ele *gosta* de nós. Afinal de contas, amamos algumas pessoas, mas não necessariamente gostamos delas pois nos irritam ou nos aborrecem. Os relacionamentos familiares geralmente são assim. Por exemplo, percebemos que não gostamos do tio Carlos e preferimos não estar em sua companhia, mas como ele é da família, temos amor por ele e lhe enviamos um cartão e um panetone todo Natal.

Por estarmos cientes de nossa devoção imperfeita a Deus, podemos facilmente pensar que Sua atitude em relação a nós é a mesma. Podemos pensar que Ele nos ama porque somos "família" e Ele tem que nos amar, mas tememos que Ele *não goste realmente de nós*. A graça de Deus nos garante que isso não é verdade. Deus, nosso Pai, não nos ama apenas por algum senso de obrigação familiar. Ele não nos acha irritantes ou mal nos tolera. Em vez disso, quando Ele olha para aqueles que estão em Jesus Cristo, Ele vê beleza, e isso desperta alegria e prazer dentro Dele. *Você* é belo para Ele.

Tendo essas verdades em mente, vemos que a graça é o favor imerecido de Deus, mas também é muito mais que isso. Alan Redpath falou sobre esse ponto:

> O que significa a palavra *graça?* Muitas vezes você já a ouviu ser definida como o favor imerecido de Deus. Bem, essa é uma definição, mas é apenas uma definição limitada da palavra ... Agora, a palavra assumiu muitos significados diferentes ao longo dos anos. Quando essa palavra foi usada nos estágios iniciais da história, significava o desejo de levar a outras pessoas bondade, saúde e força, beleza e amor. Posteriormente, seu significado se tornou um pouco mais complexo e passou a significar a atividade real que expressa o desejo de levar aos outros bondade em vez de maldade, saúde em vez de doença, beleza em vez de feiura, glória em vez de punição.[30]

Quando nossos olhos se abrem para o significado e a importância da graça, a Bíblia passa a ter um novo significado. A graça não é mais simplesmente uma força vaga e impessoal que, de alguma forma, é responsável pela salvação; ela descreve a *atitude* e a aprovação que Deus tem para comigo. Percebemos que, de repente, a Bíblia está repleta de exemplos dos atos graciosos de Deus e de descrições de Sua atitude de graça para com o crente. Vemos que o Novo Testamento fala constantemente da posição do crente na graça e da necessidade de continuar na graça. A aplicação prática dessas doutrinas da graça do Novo Testamento pode mudar a vida, porque a graça de Deus muda a vida.

Capítulo Três

Salvo pela Graça

Pois vocês são salvos pela graça, por meio da fé, e isto não vem de vocês, é dom de Deus; não por obras, para que ninguém se glorie. (Efésios 2:8-9)

Predestinação ou livre-arbítrio? Essa é uma pergunta que consome o tempo, o intelecto, o esforço e a agonia de muitos teólogos, tanto novatos quanto experientes. A resposta de uma palavra "predestinação" ou "livre-arbítrio" (geralmente identificada com calvinista" ou "arminiano") supostamente revela seu ponto de vista sobre uma variedade de questões doutrinárias. Em alguns aspectos, as diferenças entre os dois campos são profundas e irreconciliáveis, mas em outros aspectos as diferenças são superficiais e semânticas.

Por exemplo, todos os cristãos são (ou deveriam ser) capazes de responder adequadamente à pergunta "Por que você é cristão?" com a resposta "Porque Deus mostrou Sua graça a mim". Esse é um fundamento importante com o qual todos os cristãos podem concordar, sejam eles calvinistas ou arminianos. Mas nossa concordância parece parar por aí, deixando-nos uma discussão sem fim com dois lados opostos!

Na verdade, todo o debate é sobre o papel da graça na salvação das pessoas. Os teólogos gostam de usar o termo *graça* para falar sobre a parte de Deus em nos salvar. Os calvinistas (o pessoal da predestinação) veem a salvação como uma obra da graça de Deus, *resultando* na cooperação da vontade do homem. Os arminianos (o pessoal do livre-arbítrio) veem a salvação como uma obra da graça de Deus, que *requer* a cooperação da vontade do homem. Cada lado acredita que *tanto* a iniciativa de Deus *quanto* a resposta do homem são combinadas como características do processo de salvação; no entanto, eles discordam muito sobre como essas características funcionam juntas.

Este livro trata da graça e de como podemos viver nela. Deixaremos de lado a discussão sobre a contribuição do homem para o processo de salvação e nos concentraremos na parte de Deus. E, ao fazermos isso, devemos evitar uma armadilha na qual muitos teólogos (novatos ou experientes) caem facilmente. Devemos nos lembrar de que a graça não é uma força vaga e impessoal para a salvação; é o favor imerecido de Deus. A graça é mais uma *atitude* do que um *poder*. É claro que, como Deus é Deus e Ele é soberano e onipotente, Suas atitudes são cheias de poder. No entanto, devemos evitar a armadilha de pensar na graça como algum tipo de força impessoal.

Salvo do quê?

Uma das declarações mais eloquentes da Bíblia a respeito da graça e da salvação de Deus encontra-se em Efésios 2:8-9. Primeiro, ele nos diz que somos salvos pela graça. O conceito de ser salvo é familiar e bom, mas muitas vezes não conseguimos entender ou comunicar do que somos salvos. Dizer que alguém precisa ser salvo implica que ele está em perigo e será prejudicado ou destruído se não for resgatado. Mas do que precisamos ser salvos? Livros enormes já foram escritos sobre esse assunto, mas podemos condensar uma resposta básica em alguns parágrafos.

O Novo Testamento nos diz pelo menos quatro coisas das quais podemos ser resgatados em Cristo, e a primeira é o *pecado*. Quando o anjo Gabriel disse a Maria que ela havia sido escolhida por Deus para milagrosamente conceber e dar à luz ao Messias, ele lhe deu instruções específicas com relação ao Seu nome:

> Você deverá dar-lhe o nome de Jesus, porque *ele salvará o seu povo dos seus pecados* (Mateus 1:21, grifo do autor)

A primeira e talvez a maior coisa da qual a graça nos salva é o pecado. É o nosso pecado que nos separa de Deus, distorcendo e desfigurando Sua imagem em nós. Em um sentido, a própria raiz do pecado é o egoísmo. Já foi observado que no centro do pecado está o "eu". Esse desejo egoísta e obstinado infecta todos os aspectos do ser e do mundo do homem.

Antes de sua carreira na política, Abraham Lincoln era um cidadão proeminente de Springfield, Illinois. Certo dia, seus vizinhos ouviram os gritos de seus filhos na rua. Alarmado, um vizinho saiu correndo de sua casa e encontrou Lincoln com dois de seus filhos, que estavam chorando descontroladamente. "Qual é o problema com esses meninos, Sr. Lincoln?", perguntou o vizinho.

"O mesmo problema do mundo inteiro", respondeu Lincoln, com um tom de tristeza em sua voz. "Tenho três nozes, e cada um quer duas."[31]

A observação de Lincoln tem um toque de verdade. A fonte de praticamente todo mal em nós e no mundo é o desejo obstinado de fazer a própria vontade. O plano de Deus é mudar nosso coração, tirando o foco do interesse próprio e nos dar acesso ao poder de que precisamos para derrotar o pecado. A raiz de todos os problemas entre nós é o resultado direto ou indireto do pecado, mas, por meio de Seu plano de graça, Jesus veio para nos resgatar do pecado e da tirania da vontade própria.

Também somos salvos de nossos inimigos. Quando Zacarias, o pai de João Batista, profetizou sobre a vinda do Messias, ele disse:

> *Ele* [Deus] *promoveu poderosa salvação para nós, na linhagem do seu servo Davi... salvando-nos*

dos nossos inimigos e da mão de todos os que nos
odeiam. (Lucas 1:69, 71)

Está chegando um dia de total paz e descanso para toda pessoa piedosa, quando toda perseguição cessará e todo inimigo do evangelho será silenciado. Até lá, Deus promete nos resgatar do poder e da autoridade do *inimigo:* Satanás, o inimigo de nossas almas. As habilidades de Satanás foram aprimoradas por eras de experiência; no entanto, ele é um inimigo que já está desarmado à luz da obra de Jesus na cruz. Em Colossenses 2:15, Paulo nos diz que, por meio da vitória de Jesus no Calvário, Ele "despojou os poderes e autoridades" e "humilhou-os publicamente quando triunfou sobre eles na cruz". Os poderes e autoridades descritos nada mais são do que poderes demoníacos unidos em oposição aos cristãos. Jesus desarmou essas forças, tornando o caminho da vitória disponível para nós por meio da cruz, e Ele oferece isso em Seu plano de graça.

O diabo não é o nosso único inimigo; o sistema mundial também luta para nos moldar à sua imagem. Vivemos sob uma enxurrada constante de atitudes e valores opostos a Deus que marcam nossa sociedade. Quer sintamos isso ou não, somos alvos da influência conformadora desse mundo. Nossa submissão a modismos e tendências, juntamente com a admiração pelos heróis do mundo, mostra o quanto somos afetados por essa influência. Felizmente, o poder da graça de Deus é capaz de nos salvar do inimigo, do mundo e de seu poder conformador. Pedro, em seu sermão no dia de Pentecostes, nos disse o seguinte:

Com muitas outras palavras os advertia e insistia
com eles: "Salvem-se desta geração corrompida!"
(Atos 2:40)

O mundo é impiedoso em sua tentativa de nos unir em um estado de espírito contrário a Deus, mas, por meio de Jesus, podemos ser resgatados dessa geração perversa.

Até agora, vimos que podemos ser salvos dos três inimigos clássicos de nossa fé: o mundo *(esta geração perversa)*, a carne *(nossos pecados)* e o diabo *(nossos inimigos)*. Mas há algo mais do qual devemos ser salvos, e Paulo fala sobre isso em sua carta aos Romanos:

> *Como agora fomos justificados por seu sangue,*
> *muito mais ainda seremos salvos da ira de Deus por*
> *meio dele!* (Romanos 5:9)

A ira de que Paulo fala nessa passagem não é a ira do homem, mas a ira santa e justa de Deus. Como nos tornamos alvos dessa ira? Porque nos submetemos aos desejos da carne, à rebelião do mundo e aos enganos do diabo; nos colocamos diretamente contra Deus e Sua vontade. Tornamo-nos culpados de traição contra Deus e merecemos totalmente a Sua ira.

As pessoas não entendem ou não acreditam nisso hoje em dia. De acordo com a maneira como muitos pensam, Deus seria injusto se mostrasse Sua ira contra qualquer pessoa, ainda mais contra alguém conhecido ou familiar. Acredita-se que o inferno seja um lugar reservado para alguns dos homens mais cruéis da história, mas acredita-se que aqueles que levam uma vida normal têm passe livre para o céu. Deus não é mais considerado um juiz justo e imparcial; Ele foi substituído por um vovô bonzinho, cujo único atributo distintivo é uma bondade indiferente.

Esse não é o Deus da Bíblia. A Bíblia nos diz que todo ser humano é justamente merecedor da ira de Deus e, se não fosse por Sua oferta de salvação por meio de Jesus, todos estariam sob essa ira. Nunca devemos presumir que a misericórdia e a graça de Deus de alguma forma anulam Sua justiça e retidão. Pelo contrário, o plano de salvação de Deus é tão grandioso que oferece um meio de *escapar* de Sua ira, sem contradizer Sua justiça. Portanto, quando nos achegamos ao Pai por meio de Jesus, de acordo com Seu plano de graça, somos resgatados da ira de Deus que merecemos plenamente.

Mas *do que exatamente* somos salvos? Quando depositamos nossa fé em Jesus, somos resgatados da opressão dominadora do mundo, da carne e do diabo, bem como da justa ira de Deus. Tragicamente, muitos ignoram a necessidade de serem resgatados desses perigos. O deus desta era cegou seus olhos (2 Coríntios

4:3-4), e eles não conseguem ver sua necessidade ou a salvação oferecida por Jesus.

A Graça na Pessoa e na Obra de Jesus

Ainda que possamos concordar com nossa necessidade de sermos salvos, como a graça torna a salvação possível? Primeiro, todo cristão concorda que somos salvos pela pessoa e obra de Jesus, e Sua pessoa e obra são um exemplo do amor gracioso de Deus por nós. O apóstolo João nos diz que "*o Verbo se fez carne e habitou entre nós... cheio de graça e de verdade.... A graça e a verdade vieram por Jesus Cristo*" (João 1:14, 17). Ou, em outras palavras, quando Jesus se tornou um homem, ele colocou em prática a graça de Deus.

O fato de Jesus *ter vindo* prova o amor incondicional de Deus por nós. Será que a humanidade, como grupo ou individualmente, *merecia* essa visita do céu? Houve uma votação popular na Terra para nos tornar aptos para a vinda do Messias? Será que Deus olhou do céu e disse: "Nossa, há um grupo de pessoas que são tão boas que merecem um Salvador"? É claro que esses pensamentos são ridículos. Jesus veio para um mundo hostil, que odeia Deus e que estava mergulhado no pecado. Ele não veio porque *merecíamos* um Salvador; Ele veio porque Deus ama as pessoas perdidas.

A vinda de Jesus não apenas mostrou a graça de Deus, mas toda a Sua vida mostrou a graça. É interessante notar que Jesus nunca usou a palavra *graça* em Seus ensinamentos (exceto no sentido de ação de graças). Mais tarde, por meio do apóstolo Paulo, Deus revelou ensinamentos específicos sobre a graça. E mesmo que Jesus raramente usasse a palavra, Ele frequentemente ensinava sobre a ideia da graça. Mais importante ainda, Sua vida e Seu ministério exemplificaram a graça de Deus em ação. Seu amor pelos pecadores e marginalizados mostrou claramente o favor imerecido de Deus. Os cobradores de impostos, as prostitutas e outros pecadores com quem Jesus se relacionava não recebiam Seu amor porque eram dignos, mas porque a graça era vivida por meio Dele.

Se Jesus tivesse mostrado o amor de Deus somente àqueles que o mereciam durante Seu ministério terreno, nenhum doente teria sido curado, nenhum endemoninhado libertado e nenhum pecador perdoado. Entretanto, toda a Sua vida e ministério foram marcados pela graça de Deus.

E, no entanto, a graça foi demonstrada de forma mais poderosa na morte de Jesus. Ninguém pode ler os relatos do evangelho sobre a prisão, o julgamento e a crucificação de Jesus sem perceber que Ele morreu por quem não merecia. Ninguém fez nada para merecer tal demonstração de amor, mas Deus a deu com os tesouros de Sua graça. No Calvário, Deus demonstrou as riquezas de Seu amor na maior medida possível. Em contraste, o pecado e o ódio da humanidade também foram mostrados no Calvário em seu grau mais sombrio. O que poderia ser pior do que pessoas que se alegram em assassinar o Deus de perfeito amor e justiça? Na cruz, o melhor do amor de Deus e o pior do ódio do homem entraram em conflito, e o túmulo vazio de Jesus proclamou que o amor e a graça de Deus saíram vitoriosos.

A morte de Jesus na cruz não apenas nos mostra a graça de Deus, mas também *permite que* a graça e o perdão sejam concedidos ao que crê sem qualquer violação da justiça ou da retidão de Deus. Esse é um aspecto importante e muitas vezes mal compreendido da obra de Jesus no Calvário. Deus não poderia dizer a um povo rebelde: "Ah, bem, vocês estão livres pela Minha graça". Isso teria sido uma violação completa de Sua retidão e justiça. Não pensaríamos muito em um juiz terreno que decidisse deixar os transgressores da lei livres simplesmente porque o juiz estava de bom humor naquele dia. Diríamos, com razão, que esse juiz é incompetente e que deve ser removido do tribunal. Da mesma forma, Deus não nos deixou simplesmente escapar na cruz; Ele colocou Jesus no banco dos réus por nós. O julgamento que merecíamos por direito foi derramado sobre Ele, pois Ele estava no lugar da humanidade pecadora. A cruz não ignorou a justiça de Deus; ela satisfez Sua lei justa. A penalidade foi paga por Jesus no lugar do pecador. Assim, a cruz permitiu que a graça de Deus operasse para a salvação do homem, sem violar Sua justiça ou Sua retidão.

O dia em que Jesus morreu na cruz foi um dia de julgamento. Jesus, que não conhecia pecado, foi feito pecado por nós (2

Coríntios 5:21), e Ele recebeu o julgamento que os pecadores mereciam. Mas há também um dia vindouro de julgamento perante o grande trono branco de Deus. Todos os que estiverem diante Dele naquele dia serão julgados e condenados se seus nomes não forem encontrados no Livro da Vida. Hoje, Deus oferece a toda a humanidade a oportunidade de escolher o dia de seu julgamento. Se decidirmos confiar em Jesus e nos arrependermos de nossos pecados, então todos os nossos pecados serão considerados como julgados em Jesus na cruz do Calvário. Se decidirmos rejeitá-Lo e nos apegarmos ao nosso pecado, seremos julgados no grande trono branco de Deus e arcaremos com a nossa penalidade. A grande verdade a ser compreendida é que a justiça de Deus exige que *todo* pecado seja julgado, e ele será. No entanto, temos o privilégio de escolher arcar com nossa própria penalidade pelo pecado ou receber a obra substitutiva do Calvário, sendo assim salvos por meio de Jesus Cristo.

Vimos como a encarnação, a vida e a morte de Cristo, nosso Salvador, demonstra a graça de Deus para a humanidade. Deus fez todas essas coisas por um povo que não merecia. Mas a verdade do túmulo vazio é diferente porque há um sentido no qual Jesus não ressuscitou dos mortos principalmente por nossa causa; isso simplesmente tinha que acontecer. A ressurreição de Jesus era inevitável. Ele ressuscitou dos mortos porque, *de fato,* merecia isso. Isso não foi um produto do amor gracioso de Deus pela humanidade. Da mesma forma que o Pai podia julgar com justiça o pecado do homem quando colocado sobre Jesus, Ele também não podia permitir com justiça que Jesus permanecesse na morte.

No sermão que Pedro pregou no dia de Pentecostes, ele reconheceu esse princípio quando percebeu que o salmista Davi estava falando profeticamente a mente de Cristo quando Davi disse:

> *Porque tu não me abandonarás no sepulcro, nem*
> *permitirás que o teu Santo sofra decomposição.*
> (Atos 2:27)

Jesus não havia feito nada de errado quando carregou o pecado do mundo. De fato, foi o maior ato de amor e doação de todos os tempos. Portanto, não seria justo ou correto que Jesus permanecesse preso às correntes da morte, e o Pai não poderia deixar Seu Santo apodrecer em uma sepultura. Jesus merecia ser ressuscitado dos mortos em triunfo e glória.

Portanto, a ressurreição era inevitável para Jesus. Mas, graças à graça, podemos participar de Sua vitória sobre a morte. Deus teria sido totalmente justificado em reservar o poder e os benefícios da ressurreição somente para Jesus. Ele merecia essa vitória sobre a morte e nós não. Mas, pela

extraordinária graça de Deus, Ele nos permite participar do triunfo de Jesus sobre a morte, concedendo-nos a promessa da ressurreição e da vida eterna. A glória da ressurreição de Cristo é uma prévia da nossa; Ele é as primícias da ressurreição.

A graça em nossa salvação

Não apenas a pessoa e a obra de Jesus nos mostram a graça, mas Deus nos dá a oportunidade de experimentar a obra da graça em nossa vida individual. Essa obra de Deus em nós mostra que a salvação é pela graça. A maioria de nós passou por semanas, meses ou talvez até anos de preparação antes de tomar uma decisão por Jesus Cristo. Por que Deus trabalhou em nós por tanto tempo? Todos nós deveríamos nos perguntar: *Por que Deus me escolheria? Por que Ele trabalharia em meu coração, tornando-o sensível ao evangelho? Será que foi porque eu merecia?* Quando examinamos honestamente a nós mesmos, a resposta só pode ser não.

Deus não procurou por toda a Terra para encontrar alguém digno de salvação e depois escolheu você ou eu. As razões de Sua escolha estão inteiramente nEle. Ele escolheu preparar nosso coração para a salvação porque quis, não porque merecêssemos. Talvez tenha havido circunstâncias específicas que levaram à sua decisão de seguir Jesus. Por que Deus providenciou essas circunstâncias? Por causa da Sua graça. Felizmente, a Bíblia nos diz que somos *"justificados gratuitamente* [não precisamos merecer] *pela Sua graça, por meio da redenção que há em Cristo Jesus"* (Romanos 3:24).

O fato de que nossa salvação repousa sobre o alicerce da graça é extremamente reconfortante. Ao contrário da fé ou das obras, a graça é um alicerce seguro e estável para a nossa salvação. Nossa fé pode vacilar, nossas obras podem oscilar, mas a graça de Deus permanece a mesma. Se a salvação fosse baseada em minha fé, eu me perguntaria se fui salvo toda vez que tivesse dúvidas. Se fosse baseada em minhas boas ações, cada pecado colocaria em dúvida a vida eterna. Mas a salvação se baseia na graça de um Deus imutável. Que alívio isso é; que paz e descanso isso traz!

Pela graça, através da fé

A próxima coisa que Efésios 2:8-9 nos diz sobre nossa salvação é que somos salvos pela fé, e essa fé não vem de nós mesmos. Isso traz à tona um ponto que pode parecer meramente técnico, mas que, na verdade, é vital para nossa compreensão da salvação e da graça. Observe que Paulo não nos diz que somos salvos *pela* fé, mas que somos salvos *pela* graça *por meio da* fé. Essa é uma distinção importante. A obra da nossa salvação é realizada pela graça, e a graça salvadora é recebida através da fé. Deus dá o que os teólogos costumam chamar de "graça comum" a todos. Mateus 5:45 diz que a chuva cai *"tanto sobre os justos como sobre os injustos"*. Mas as riquezas da graça salvadora estão reservadas para aqueles que receberão essa graça pela fé. Paulo ecoa esse pensamento em Romanos 5:2, onde ele nos diz que nosso acesso à graça é pela fé. Portanto, é somente por meio de nossa fé que chegamos a essa posição de graça (favor imerecido que resulta em salvação).

Quando dizemos que recebemos a graça pela fé, devemos nos lembrar de que a fé não é uma obra merecedora pela qual ganhamos a graça. Há o perigo de pensar na fé como uma obra pela qual conquistamos o favor de Deus. A fé genuína produzirá o fruto das boas obras e não pode ser separada delas; é disso que trata grande parte da carta de Tiago. Embora as boas obras acompanhem a fé verdadeira, a fé por si só não é uma obra. A fé simplesmente vê a oferta de Deus e acredita que ela é verdadeira. Ela olha para as promessas de Deus e diz: "Acredito que elas são para mim". Em termos simples, a fé está *se recusando a chamar Deus de mentiroso*. É aceitar a Palavra de Deus como verdadeira e confiar que tanto Ele quanto Sua palavra são confiáveis. Quando não temos fé, negamos que a Palavra de Deus seja verdadeira e O chamamos de mentiroso. Qual é o mérito de *não* chamar Deus de mentiroso? Isso é apenas senso comum.

Há uma história sobre um homem que ensinava em uma classe de Escola Dominical cheia de meninos pequenos. Um dia, ele ofereceu a um menino da classe um relógio de pulso novinho em folha. O menino achou que era uma brincadeira. Temendo que seus colegas de classe rissem dele quando o truque fosse revelado, ele recusou o relógio. O professor então ofereceu o relógio para o próximo menino, mas esse seguiu o exemplo do primeiro. Um a um, cada menino recusou o relógio porque a oferta parecia boa demais para ser verdade, e cada um deles acreditava que o professor queria enganá-los. Mas quando o professor ofereceu o relógio ao último menino, ele teve a coragem de aceitá-lo. E quando o professor realmente deu o relógio a ele, os outros ficaram surpresos - e com raiva. O professor usou a situação para mostrar a eles que não importa quão bom um presente possa parecer quando é oferecido, aqueles que o recebem devem acreditar na palavra do doador e primeiro receber o presente antes que ele possa lhes trazer algum benefício.

Em 1829, um homem da Pensilvânia chamado George Wilson foi condenado pela Corte dos Estados Unidos a ser enforcado por assassinato e roubo. O Presidente Andrew Jackson o perdoou, mas Wilson recusou seu próprio perdão, insistindo que ele não seria verdadeiramente perdoado a menos que aceitasse o perdão. Essa foi uma questão jurídica nunca discutida, e o Presidente Jackson solicitou a decisão da Suprema Corte. O presidente da Suprema Corte, John Marshall, proferiu a seguinte decisão: "O perdão é um documento, cujo valor depende de sua aceitação pela pessoa envolvida. Se ele for recusado, não é um perdão. George Wilson deve ser enforcado", e ele foi.[32] Da mesma forma, a oferta de Deus de perdão e salvação em Cristo Jesus é oferecida a muitos, mas somente aqueles que confiam em Deus e em Sua palavra obterão os benefícios desse perdão.

Nossa resposta de fé é importante para a operação da graça porque ela completa a conexão. Se eu decidir lhe dar um dólar por graça, você deve receber esse dólar pela fé antes que ele possa lhe trazer algum benefício. Se você não tiver fé em minha oferta, então a oferta não será boa. O mesmo princípio de receber a graça pela fé está funcionando com a salvação. Precisamos crer e receber para que a conexão seja completa. Mas, primeiro, precisamos esvaziar nossas mãos daquilo que estamos segurando para receber o que Deus quer nos dar.

Os pregadores gostam de contar a história do menino que uma vez ficou com a mão presa em um vaso. Seus pais tentaram de tudo para tirá-la, mas a mão continuou presa e o menino começou a ficar com medo. Finalmente, parecia que seus pais teriam de quebrar o vaso para liberar a mão. Pouco antes de quebrá-lo, o menino perguntou: "Ajudaria se eu soltasse a moeda que estou segurando?" Da mesma forma, até que deixemos de lado qualquer coisa insignificante que estejamos segurando, nunca poderemos ser livres e receber pela fé.

Geralmente, estamos com as mãos tão ocupadas com o que é falso e com o serviço a nós mesmos que não conseguimos receber a oferta de salvação de Deus. É disso que se trata o arrependimento. É esvaziar o que é falso e errado em nós mesmos para que, por meio da fé, possamos receber o que Deus tem para nos dar.

Efésios 2:8-9 nos diz que essa fé é *a obra de Deus em nós*. Não teríamos nem mesmo a fé para crer e receber se Deus não tivesse realizado essa obra em nós anteriormente. Portanto, entendemos ainda mais que a fé não pode ser uma obra merecedora que conquista a graça para a salvação - a fé simplesmente a recebe. Em Atos 18:27, Lucas descreve um grupo de convertidos na igreja primitiva como *aqueles que haviam crido por meio da graça*. A crença deles - como toda fé verdadeira - foi uma obra da graça em suas vidas, realizada por Deus.

Não por Obras

Finalmente, em Efésios 2:8-9, Paulo nos diz que Deus organizou esse sistema para que ninguém possa se vangloriar de que suas próprias grandes obras lhe trouxeram a salvação. Pense em como o céu seria um lugar horrível se a salvação fosse pelas obras em vez de pela graça. Todos se gabariam de quão fiéis eram, de quantos haviam levado a Jesus e de quanto haviam dado pela Sua causa. Haveria muita falsa humildade e discussões sobre quem é o mais humilde. Devemos agradecer a Deus por ter decidido realizar a salvação de uma maneira que silencia toda a nossa vanglória.

Nosso problema é que, muitas vezes, *queremos* uma salvação pelas obras para que possamos nos gabar, embora seja apenas em nosso íntimo. É possível que façamos boas obras para provar aos outros que somos bons cristãos ou que de fato somos "salvos". Apreciar um sistema em que a salvação é dada como um presente e a vanglória é silenciada é totalmente contrário ao nosso desejo natural. É por isso que o homem natural, à parte da obra de Deus, odeia a graça e o sistema de salvação baseado nela. A graça não leva em consideração o que merecemos, mas apenas a graciosa doação de Deus. A graça nega qualquer expressão de nosso orgulho. Ela nos diz que devemos tudo a Deus, e que Ele não deve nada a nós. James Moffatt disse isso da seguinte forma:

> A "graça" sugere que a pessoa tem uma obrigação para com Deus, enquanto a crença popular de muitos é que Deus tem uma obrigação para com eles ou, de alguma maneira, que Ele deve ser usado em vez de adorado.[33]

É por isso que os orgulhosos se recusam a se aproximar de Deus por meio do sistema que Ele estabeleceu, a graça. As pessoas orgulhosas presumem que já têm o favor de Deus e que não há necessidade de receber a salvação que Jesus traz.

- O orgulhoso exige ser visto em seus méritos; a graça se recusa a reconhecê-los.

- O orgulhoso se considera melhor do que os outros por razões superficiais; a graça de Deus vê todas as pessoas como iguais.

- O orgulho dá preeminência ao eu; a graça dá preeminência a Deus.

Não é de se admirar que *"Deus resiste aos soberbos, mas dá graça aos humildes"*? (Tiago 4:6). Os humildes estão dispostos a receber a graça de Deus para a salvação porque reconhecem sua necessidade diante de Deus e estão dispostos a se achegar a Ele em uma base que ignora seus méritos. Os humildes percebem que, para se achegarem a Jesus, devem se basear na Sua graça e não em suas obras. Portanto, também se conclui que os cristãos que são orgulhosos também são cegos. Os crentes que são orgulhosos não entendem que são aceitos por Deus exclusivamente pela graça e pelo mérito de Jesus, sem olhar para o que eles acham que merecem por sua bondade.

Como essas verdades se aplicam?

Em primeiro lugar, devemos reconhecer que o grande segredo da vida cristã é crer e aceitar ser amado mesmo *não sendo digno*. Muitas pessoas deixam de receber a salvação porque não se sentem dignas dela. Outras nunca recebem o amor de Deus porque estão convencidas de que não merecem tal dádiva. A graça nos diz o seguinte: o fato de não sermos dignos não importa. A graça não é graça a menos que seja dada sem considerar o mérito daquele a quem é dada. Como Moffatt disse ao refletir sobre o entendimento do apóstolo Paulo sobre a graça: "Somente aqueles que estão preparados para reconhecer que não são dignos podem depositar sua fé no Doador da graça."[34] Em outras palavras, você não precisa *buscar* a graça de Deus; você precisa *aceitá-la,* pois ela é oferecida gratuitamente àqueles que a receberem pela fé. Muitas pessoas passam a vida inteira sem conhecer a graça de Deus porque não a receberão a menos que *sintam* que a mereceram. A graça que precisa ser conquistada não é graça de forma alguma. Não se deixe enganar pela mentira que lhe diz para esperar até que você se sinta merecedor. Quando você se sentir merecedor, estará correndo o risco de se orgulhar.

Se você já depositou sua confiança em Jesus para a salvação, alegre-se com sua salvação pela graça. Deus projetou o sistema da graça de modo a glorificar a Si mesmo e não ao homem. Portanto, sua resposta apropriada ao receber a salvação é louvar o Deus de tal graça. E, ao louvá-Lo, prometa servir ao Rei da sua salvação em gratidão por tudo o que Ele lhe deu.

Se você *recebeu* essa graça, que é a base de sua salvação do pecado, assegure-se de trabalhar mais pela graça do que jamais se dedicou pelo pecado. Será que os pecadores amam mais o pecado do que nós amamos o Deus da nossa salvação? O mundo serve ao pecado com mais entusiasmo do que nós servimos ao nosso Deus da graça? Devemos nos comprometer com um amor mais forte e um serviço mais completo, não para ganhar o favor de Deus, mas para mostrar nossa gratidão por esse favor recebido.

Capítulo Quatro

Vivendo pela Graça

Tendo sido, pois, justificados pela fé, temos paz com Deus, por nosso Senhor Jesus Cristo, por meio de quem obtivemos acesso pela fé a esta graça na qual agora estamos firmes; e nos gloriamos na esperança da glória de Deus. (Romanos 5:1-2)

Certa noite, o famoso cientista Albert Einstein participou de um jantar. A vizinha de Einstein, que era uma jovem garota, perguntou ao professor de cabelos brancos: "Qual é a sua profissão?" Einstein respondeu: "Eu me dedico ao estudo da física". A moça olhou para ele com espanto: "Quer dizer que você estuda física na sua idade? Eu terminei os meus estudos há um ano!"[35]

Talvez você tenha a mesma atitude em relação à graça de Deus. Muitos cristãos pensam que a graça é um assunto concluído na conversão e que depois disso devem então avançar para verdades mais profundas. Se você pensa assim, não se sinta mal. Esse pensamento pode ser o resultado do que você foi ensinado. Mas esse pensamento priva muitos cristãos da vida abundante que Jesus prometeu.

Sim, somos salvos pela graça. No entanto, a obra da graça não termina quando nascemos de novo. As pessoas que pensam que a obra da graça é para o passado e não para o presente provavelmente serão vítimas de vidas sem graça. Elas não entendem que não somos apenas *salvos* pela graça, mas também *vivemos* pela graça.

A Graça Como Princípio Contínuo

Deus nunca pretendeu que Sua obra da graça nos desse apenas um começo em nossa vida cristã. Na Bíblia, lemos sobre a importância de permanecer na graça, continuar na graça e nunca se afastar da graça como o princípio que guia nossas vidas. Continuar na graça significa que devemos viver com a consciência de que o favor e a afeição de Deus são nossos porque estamos em Jesus Cristo. A graça diz que Deus valoriza cada um de nós como Sua bela e preciosa posse e que Ele sempre nos amará e cuidará de nós. Como já vimos, Deus sente isso por nós por causa de quem Ele é, não por causa de quem somos ou mesmo do que prometemos nos tornar no futuro.

Paulo advertiu repetidamente os cristãos de que eles não deveriam se afastar da graça e *"persuadiu-os a permanecer na graça de Deus"* (Atos 13:43). É claro que Paulo pregava que a salvação era pela graça (Efésios 2:8), mas ele achava que a graça também era importante *após* o apelo para a conversão. A graça é o *princípio* pelo qual os seguidores de Jesus devem viver suas vidas. Esse princípio que nos salvou é o mesmo princípio que deve marcar nossa caminhada cristã do início ao fim.

Por esse motivo, algumas das advertências mais fortes do Novo Testamento são para aqueles que correm o risco de cair da graça (como em Gálatas 5:1-4). Pedro conhecia a importância da graça no tempo presente quando escreveu: *"esta é a genuína graça de Deus. Continuem firmes nessa graça."* (1 Pedro 5:12). Claramente, para os primeiros cristãos, a graça deveria ser a posição constante de um discípulo de Jesus e não apenas a maneira de começar a vida cristã.

Uma Partida Trágica

Por alguma razão, os cristãos acham muito fácil abandonar a graça em nome do crescimento. Quando a igreja parece perturbada por uma crise, a ênfase na graça pode parecer um luxo. Infelizmente, muitos dos primeiros cristãos logo se afastaram do ensinamento simples da vida na graça. Depois que Paulo e os outros apóstolos deixaram este mundo, não demorou muito para que alguns cristãos começassem a desconsiderar as advertências do Espírito que tinham como objetivo garantir que eles continuassem na graça. Eles não reconheceram que nos é dito para "crescer na graça e no conhecimento de nosso Senhor e Salvador Jesus Cristo" (2 Pedro 3:18), e não para nos *afastarmos* da graça ou *irmos além* dela.

Nas décadas após a morte dos apóstolos, começaram a aparecer escritos que mostravam um distanciamento dos ensinamentos do Novo Testamento sobre a graça - escritos que tendiam a manter os princípios legalistas do judaísmo. Esse era um caminho que levava em direção ao farisaísmo que angustiava Jesus profundamente. Alguns proeminentes mestres cristãos tentaram pregar uma forte moralidade para que a igreja tivesse uma reputação imaculada. Mas, ao enfatizar o desempenho pessoal, eles negligenciaram a graça que habita em Jesus como base para uma vida correta.

Em pouco tempo, as seitas começaram a ensinar que não poderia haver purificação ou retorno ao favor de Deus se um cristão pecasse depois de ser batizado. Outros grupos acreditavam que apenas um pecado "maior" era permitido e que, depois disso, nunca haveria perdão ou restauração.

Alguns ensinavam que Jesus havia pagado a primeira parcela de nossa dívida moral com Deus e, com isso, Ele nos libertou do tribunal de falência moral. Mas também diziam que, uma vez libertos, *deveríamos* continuar pagando nossa dívida! Na tentativa de manter os cristãos puros, muitas pessoas começaram a pensar que o caminho para a maturidade cristã significava *conquistar* nosso caminho para Deus.

Esse tipo de atitude continua entre muitos cristãos atualmente.

50

Quando a igreja fala sobre o problema do pecado na vida cristã, muitas vezes ela se afasta da graça, apenas para descobrir que as regras e os códigos morais não têm poder real para restringir a carne. A igreja, então, muitas vezes cai no legalismo, que promove um zelo moral, mas nos afasta do entendimento de que a salvação é um dom gratuito de Deus, dado pela graça. Isso faz com que a salvação seja algo que precisamos ganhar ou merecer, pelo menos em parte. Em seu livro, *A doutrina da graça nos Pais Apostólicos,* Thomas Torrance resumiu essa atitude:

> A nova vida em Cristo não é concebida como uma dádiva, mas como algo a ser buscado durante um período de provação no qual os homens estão sujeitos à estrita conformidade com a Lei.... Para esses cristãos, a salvação se tornou um processo duvidoso de perseverar até o fim.[36]

Essa é a atitude do cristianismo sem a graça, que não é o cristianismo do Novo Testamento. Claramente, a Bíblia nos diz que a graça é um *princípio permanente* na vida cristã, não apenas uma introdução. James Moffatt enfatizou essa verdade:

> Um elemento essencial do ensino do apóstolo sobre a graça é que essa atitude de receptividade em relação ao dom de Deus não é uma fase preliminar, mas uma condição permanente.[37]

O filho de Deus não é apenas salvo inicialmente pela graça, mas também é "mantido salvo" pela graça. Paulo insistiu corretamente: "Não anulo a graça de Deus" (Gálatas 2:21). O cristão *vive* pela graça. Uma visão antibíblica e sem a graça é que o início da vida cristã é na graça, mas a manutenção da salvação é nossa tarefa. Esse ensino antibíblico tende a ir além em sua negação da graça. Alguém que nega que o cristão *vive pela* graça acabará negando que o cristão é realmente *salvo* pela graça. Isso aconteceu com muitos crentes nas gerações posteriores aos apóstolos.

Mantendo-se na Graça

Como podemos nos manter na graça de Deus? Como podemos

evitar a forte tendência de nos afastarmos da graça em vez de crescermos na graça? Primeiro, devemos entender que Deus nos deu um caminho de acesso a uma posição de graça. Em Romanos 5:2, Paulo diz que nosso *acesso* a essa posição de graça é pela fé. Essa palavra *acesso* descreve a introdução ou a condução de alguém à presença da realeza.[38] Pela fé, temos acesso ao favor do Rei.

Às vezes, fico imaginando como seria conviver com os ricos e famosos ou com os que movimentam e agitam nosso mundo. Lembro-me de quando meus amigos costumavam ir a shows de rock e seu bem mais precioso era um passe para os bastidores, pois isso lhes dava acesso às estrelas. Eles tinham o privilégio de ir aonde os outros não podiam ir. Quando a placa dizia: "Somente pessoal autorizado", eles sabiam que estavam autorizados. Mas, na verdade, ter acesso ao político ou à celebridade de hoje não seria nada comparado ao encontro com o Rei dos Céus. Esse é realmente um acesso privilegiado, e é o direito de todo cristão pela fé.

Paulo usou palavras enfáticas em Romanos 5:2 e, literalmente, escreveu: "obtivemos acesso pela fé a esta graça na qual agora estamos firmes."[39] Nosso caminho de acesso a Deus é permanente e nunca será negado. Não é temporário. Nosso direito de entrada não será revogado. Uma condição permanente de favor e aceitação é nossa como aqueles que confiam em Jesus Cristo. Com relação a esse acesso, Charles Spurgeon disse:

> A partir do momento em que tenho uma conexão vital com o Cordeiro de Deus, estou "na graça". Que eu continue vivendo, que minha graça cresça, que minha fé aumente, que meu zelo se torne mais caloroso, que meu amor seja mais ardente, ainda assim não estarei mais "na graça" do que estava antes. Deus não me amará mais, não terá em seu coração uma afeição mais profunda e mais pura por mim do que tem no primeiro momento em que me dirijo a ele, nem sua graça me justificará menos ou me aceitará menos no primeiro momento em que me dirijo

a ele com todos os meus pecados, do que quando
estiver diante do trono.[40]

Os escritores antigos usavam com frequência essa expressão
sobre a graça de Deus: "achar graça aos olhos do Senhor."[41] No
entanto, o Novo Testamento evita esse termo para descrever
a posição do cristão na graça. Essa omissão ocorre porque, nos
tempos dos apóstolos, tal expressão poderia sugerir a presença de
um deus instável, imprevisível - um que estivesse frequentemente
irado e precisasse ser apaziguado ou encontrado no estado de
ânimo adequado. Além disso, tal formulação poderia insinuar que
uma pessoa jamais poderia ter confiança plena em Deus.

A Bíblia não retrata esse tipo de Deus rude e temperamental. A
posição de graça e favor que temos em Jesus é uma posição *segura*.
Moffatt diz a respeito desse aspecto da graça de Deus:

> Para ele [Paulo], a graça foi fornecida no
> evangelho por um Deus que não tinha variações
> de humor ou caprichos; a graça significava Sua
> atitude característica e invariável para com os
> homens que precisavam de ajuda, era um favor a
> ser aceito em vez de procurado, um favor que era
> oferecido gratuitamente à fé.[42]

Não é necessário buscarmos às cegas nos céus e *esperar* encontrar
a graça do Senhor. Pelo contrário, Seu favor não merecido já nos
alcançou, e só precisa ser recebido por um coração que crê.

A última coisa contra a qual Satanás quer lutar é contra um
cristão que realmente entende a graça de Deus e como acessá-la. Por
isso, ele mente para você e tenta desencorajá-lo a permanecer nela.
Ele pode tentar convencê-lo de que Deus está mal-humorado, de
cabeça quente e provavelmente irritado com você neste momento.
Ou pode tentar lhe dizer que você é pecador demais para se
apresentar a Deus. Satanás tem muita experiência como acusador
dos irmãos (Apocalipse 12:10). Sejam as mentiras sobre Deus ou
sobre você, as respostas contra todas elas estão no conhecimento
da verdade. Se o acusador lhe dissesse: "Você é um pecador! Você
não pode se apresentar diante de Deus!" O cristão pode responder:

"Eu sei que sou pecador, mas sou justificado em Jesus" (como diz em Romanos 3:23-24). Se ele lhe disser que seu pecado é grande demais ou horrível demais, diga a ele sobre a grandeza da justiça de Jesus, pois *essa* é a sua posição! Se ele o lembrar de seus fracassos e recaídas, diga-lhe que você sabe tudo sobre isso, mas que além disso você conhece um Salvador que veio para salvar os pecadores. Romanos 5:2 afirma que seu acesso à posição na graça de Deus não pode ser negado! Jesus pagou o preço máximo para garantir que você tenha um caminho livre para o trono da graça. Contudo, se você for enganado a pensar que não tem o direito de acesso, então o privilégio pelo qual Jesus morreu para lhe dar nunca lhe beneficiará.

Acesso a quê?

É reconfortante saber que nosso acesso à graça de Deus não pode ser negado. Mas qual é a vantagem de chegar a essa posição de graça? Que benefícios podemos obter com nossa condição de favorecidos? Primeiro, observe que Paulo escreveu sobre a *graça na qual agora estamos firmes*. Estamos diante de Deus com base na graça e não em qualquer outra base. Não com base em nossas próprias obras, sejam elas passadas, presentes ou futuras, e não com base em nosso próprio mérito, mesmo como filhos de Deus. Se não fosse pela graça, nem mesmo *estaríamos de pé* diante de Deus - nós nos rebaixaríamos diante Dele. "Estar de pé" transmite uma medida de confiança, segurança e ousadia. Você poderia realmente estar diante de Deus se viesse a Ele com base no que *fez?* Naquele momento, todos os pecados que você já pensou em cometer ficariam claros para você, forçando-o a se ajoelhar em submissão humilhante diante de Deus. Felizmente, Deus providenciou uma maneira melhor de entrar em Sua presença. Chegamos ao trono do maior Rei, e isso é suficiente para fazer qualquer um de nós tremer de medo. No entanto, o trono desse grande Rei é um *trono de graça.*

Não apenas permanecemos, mas permanecemos na *graça.* Isso significa que a atitude de Deus em relação a nós é graciosa e cheia de favor. Quando Deus nos vê, Ele fica feliz. Ele vê beleza em nós porque estamos em Jesus. Permanecer na graça significa que Deus *se agrada de* nós.

Já ouvimos "Deus ama você" tantas vezes que, para muitos de nós, essas palavras não têm mais nenhum impacto. Sabemos que devemos acreditar nisso, mas pode ser muito mais difícil acreditar que Deus *se agrada* de nós - que Ele está satisfeito conosco em Jesus. Muitas vezes sofremos com o pensamento de que Deus mal nos tolera porque não somos dignos, ou que Ele está irritado conosco na maior parte do tempo. Estamos tão familiarizados com nossos próprios pecados e falhas que nos convencemos de que Deus está meio zangado ou decepcionado conosco. Para aqueles que *estão na graça*, sua posição diante de Deus é uma posição de favor, aceitação e beleza, em vez de falta de dignidade, irritação e tolerância.

Antes de dar um tapinha nas próprias costas, lembre-se de que sua posição na graça não tem nada a ver com o que você fez, com o que você é ou com o que prometeu ser. Sua posição na graça é apenas por causa do favor gratuito de Deus em Jesus. Sua posição na graça se deve apenas ao favor concedido gratuitamente por Deus em Jesus. Ainda que possamos desfrutar dos privilégios de uma posição privilegiada diante de Deus, não podemos levar o crédito por essa posição privilegiada.

Também podemos nos confortar com o fato de que Deus estabeleceu essa posição na graça como uma característica permanente de nosso relacionamento com Ele. Deus lida com Seus filhos com base em Sua graça, e isso permanece assim. A graça não é graça se Deus a retira em um momento posterior devido à nossa falta de mérito. Não precisamos temer que um dia Ele descubra o quanto somos maus e nos tire de Sua presença graciosa. Deus nos concede as bênçãos de Seu favor por causa de quem Ele é, não por causa de quem somos ou do que prometemos nos tornar. Portanto, devemos parar de tentar dar a Deus um motivo para nos amar. Muitos cristãos vivem a vida inteira tentando sinceramente provar que são *dignos* do amor de Deus. No entanto, eles não conseguem receber esse grande amor porque estão *convencidos de que precisam produzir um motivo* para que Deus os ame. O mais incrível é que Deus nos amou primeiro (1 João 4:19). Permanecer na graça significa que todos os motivos para que Ele nos ame estão Nele e não em nós.

Dois Princípios

Deus lida com os cristãos de acordo com o princípio da graça. Aos Seus olhos, todos nós estamos diante Dele com base em um favor imerecido. Entretanto, podemos ou não escolher nos relacionar com Ele pelo mesmo princípio de que Ele se relaciona conosco. Deus lida com todos os Seus filhos com base no princípio da graça, mas podemos escolher lidar com Ele com base no princípio da lei ou da graça (Paulo faz uma distinção eloquente em Gálatas 4:21-5:1). Há uma grande diferença entre os dois sistemas, mas a diferença está em nossa parte, não na parte de Deus.

Quando nos achegamos a Deus pela fé, confiando nos méritos de Cristo e esperando amor e bênção por causa do que Jesus fez, isso é graça. Quando nos aproximamos de Deus pelas obras, confiando em nossos méritos e esperando apenas o que achamos que merecemos, isso é lei. Esse princípio da lei é familiar para a maioria de nós e é descrito pela frase: "Você recebe o que merece". Se você é bom, Deus o recompensa; se você é mau, Ele o pune. Deus se relacionou com Israel por meio do sistema da lei. Em Sua aliança com Israel, Deus disse que eles seriam abençoados quando obedecessem e amaldiçoados quando desobedecessem a Ele. Infelizmente, na história bíblica de Israel, as maldições superaram em muito o número de bênçãos.

Os sistemas da lei e da graça não podem ser reconciliados um com o outro. Por serem sistemas opostos, não podemos nos achegar a Deus com base nos dois princípios ao mesmo tempo, nem mesmo com base em uma mistura dos dois princípios. Eles são diferentes um do outro em sua própria raiz.

- **A lei mostra o que há no *homem* (pecado); a graça mostra o que há em *Deus* (amor).**

- **A lei se dirige a nós como membros da *velha* criação, como pessoas *manchadas* e *acorrentadas* pelo pecado; a graça nos torna membros de uma *nova* criação, *purificada* das manchas e *liberta* das correntes do pecado.**

- A lei *exige* de nós a justiça; a graça nos *traz* a justiça.

- A lei condena um homem vivo à *morte*; a graça traz um homem morto à *vida*.

- A lei fala do que *devemos fazer* para Deus; a graça fala do que *Jesus fez* por nós.

- A lei nos dá o *conhecimento* do pecado; a graça *anula* o nosso pecado.

- A lei *afasta* Deus de nós; a graça *nos aproxima* de Deus.

Devido a esses contrastes, os princípios da lei e da graça não se misturam. Lewis Chafer destaca a distinção entre os dois sistemas quando diz:

> A Lei de Moisés apresenta um pacto de obras a ser realizado com a força da carne; os ensinamentos da graça apresentam um pacto de fé a ser realizado com a força do Espírito.[43]

Esses dois sistemas são tão opostos um ao outro quanto a carne é ao Espírito, tão opostos quanto a vida é à morte e tão opostos quanto Deus é ao pecado.

Se não devemos lidar com Deus com base na lei, isso significa que a lei é má ou ruim? Não há nada de bom que possamos dizer sobre a Lei? A Bíblia nos diz que a Lei em si é boa, santa e justa. Ela ocupa um lugar importante no plano de Deus porque a Lei revela o caráter de Deus e Seu padrão santo. Ela desempenha uma função valiosa ao apontar tão claramente (e dolorosamente) nossas limitações e nossa rebelião contra o padrão de Deus. Mas como um princípio para governar nosso relacionamento com Deus, a Lei não tem mais lugar em Seu plano.

Rejeitando a graça

Quando, por hábito ou por escolha, evitamos lidar com Deus com base na graça, automaticamente adotamos o outro princípio de lidar com Deus - o princípio da lei. A conexão com o princípio da lei é a raiz de uma vida cristã sem a graça. Se abandonarmos a nova aliança e desejarmos nos relacionar com Deus com base no que *merecemos*, os resultados serão desastrosos. Muitos problemas na vida cristã estão relacionados ao fato de não conseguirmos *permanecer* com Deus com base na graça. Podemos saber se estamos vivendo uma vida de lei em vez de graça observando um breve perfil da vida cristã sem graça.

Os cristãos sem a graça vivem em uma nuvem perpétua de culpa, sem nunca ter certeza de que têm devoção e boas obras *suficientes* para realmente agradar a Deus. Eles querem desesperadamente agradá-Lo e fazer o que é certo, mas como acreditam que a opinião de Deus sobre eles se baseia em seu desempenho, suas mentes raramente estão em paz. Eles sempre sentem a pressão de estar sob o olhar atento de um Deus que está pronto para puni-los ao primeiro sinal de desobediência. Os cristãos que vivem de acordo com a Lei nunca encontram descanso duradouro no Senhor.

Diz a lenda que, nos primórdios da aviação, as viagens aéreas eram uma novidade perigosa. Um desses pilotos pioneiros se ofereceu para dar a um idoso um passeio de avião de aniversário sobre a pequena cidade da Virgínia Ocidental onde ele havia passado todos os seus 75 anos. O idoso aceitou a oferta e, depois de sobrevoar a cidade por 20 minutos, estava de volta ao solo. Naturalmente, seus amigos perguntaram: "Você ficou com medo?" "Claro que não", foi sua resposta hesitante. Em seguida, acrescentou: "Mas em nenhum momento relaxei completamente".

Muitos cristãos que vivem sob a lei têm a mesma hesitação em realmente confiar em Deus. Eles têm dificuldade em relaxar em Sua presença e acham difícil sentar-se e desfrutar do que Ele quer dar. Em vez de experimentar a justiça, a paz e a alegria no Espírito Santo, suas vidas são marcadas pela culpa, pela dúvida e pelo medo de que Deus descubra o quanto eles são maus e os trate como merecem.

A maior tragédia é que, em quase todos os casos, os cristãos que vivem de acordo com a lei e sem a graça têm um coração genuíno para o Senhor. Eles têm uma paixão sincera por agradá-Lo; no entanto, sofrem com a consciência assustadora de que não estão à altura. O que eles querem, acima de tudo, é conhecer o amor e a aceitação de Deus, mas acham que essa garantia de Seu favor virá por meio de seu desempenho. A graça diz que o amor e a aceitação que desejamos de Deus são um presente dado a nós gratuitamente em Jesus. É algo que não podemos conquistar por quem somos ou pelo que fazemos. O cristianismo sem a graça é a arma mais sutil e prejudicial de Satanás contra os cristãos que realmente amam a Deus.

Os cristãos que se afastam da graça e vivem sob a Lei geralmente experimentam uma vitória inconsistente sobre o pecado. Isso ocorre porque seus olhos estão frequentemente voltados para si mesmos. Como acreditam que a opinião de Deus sobre eles depende de suas ações, eles analisam cada pensamento, cada palavra e cada ação para que possam prever como Deus os tratará. Essa introspecção focada em si mesmo tira a capacidade de descansar e confiar na força do Senhor. Sem permanecer nesse poder, não conseguimos andar no Espírito e encontrar uma vitória consistente. O cristão focado em si mesmo geralmente tem as melhores intenções e quer agradar a Deus. No entanto, devido a uma mentalidade sem graça, ele não está se concentrando em Jesus, que nos lembra que *"sem mim, nada podeis fazer"* (João 15:5).

Quando o filho de Deus que vive pela lei *experimenta* a vitória, isso pode ser ainda mais perigoso porque essa vitória tende a alimentar nosso orgulho. Começamos a pensar que vencemos o monstro do pecado e nos tornamos agradáveis a Deus, em vez de ver que Cristo em nós vence o pecado e nos torna agradáveis a Ele. Quando isso acontece, Satanás obtém seu maior prêmio - um santo que é sincero, mas age com justiça própria. De acordo com a lei, nossos olhos estão voltados para nós mesmos e não para Jesus; isso torna a vitória ilusória, mas perigosa quando é alcançada.

O cristão que vive sob a Lei pode demonstrar pouco desejo de se encontrar com Deus ou com Seu povo. Há duas maneiras pelas quais a ênfase na lei anula o desejo de uma comunidade cristã. A lei muitas vezes faz com que a pessoa diga: "Não sou digno, não faço parte dessa comunidade". Quando alguém se sente assim, a última coisa que deseja é a companhia de outros cristãos que parecem tão corretos com Deus que isso o faz se sentir ainda pior. Por outro lado, uma atitude legalista pode fazer com que a pessoa pense: "Sou *o único digno neste grupo, eles não deveriam fazer parte do meu grupo*". A ênfase em seu próprio desempenho para Deus os torna presunçosos. Ninguém é santo ou bom o suficiente para ela. Qualquer uma dessas perspectivas revela um cristianismo sem a graça, e ambas funcionam contra o princípio da comunhão.

Muitas vezes é possível identificar um cristão que vive sob a lei em vez da graça quando ele se esforça para obter a aprovação das pessoas porque não tem confiança na aprovação de Deus. A incerteza quanto à aceitação de Deus é um fator limitante. Quando nos sentimos assim, podemos tentar desesperadamente encontrar a aprovação de outras pessoas. Quando entramos na rotina de viver para receber aprovação dos homens, é difícil sair. Deus quer suprir essa necessidade de aprovação em cada um de nós, tratando-nos com base no princípio da graça.

Por fim, os cristãos que vivem sob a lei podem ter medo de fracassar no serviço cristão e ter uma falta de ousadia em suas vidas. Eles tendem a temer o fracasso porque acreditam que a aprovação de Deus está em jogo em tudo o que fazem. Estender a mão para uma pessoa necessitada pode ser uma coisa boa, mas o cristão que não tem ousadia teme que, se cometer um erro, Deus pensará algo ruim sobre ele. O cristão que vive de acordo com a lei pode ter medo de fazer qualquer coisa para Deus, pois acredita que corre o risco de ser desaprovado por Ele se O servir mal.

Felizmente, Deus não lida com os cristãos com base na lei, mas de acordo com o princípio de Sua graça. O fato é que *permanecemos* em graça perante Ele; Ele nos vê em termos de favor, aprovação e beleza e, por estarmos na graça, podemos esperar de Deus bênçãos, e não maldição. Sob a lei, as bênçãos vêm do fato de merecermos e sermos dignos. Sob a graça, as bênçãos vêm da confiança na graça. Por Sua graça, Deus nos concede bênçãos imerecidas e incondicionais. É em resposta a essas bênçãos que praticamos boas obras e procuramos diligentemente servir e obedecer a Jesus. Mesmo quando respondemos com obediência e devoção, essas boas obras não retribuem a Deus as bênçãos que Ele concede, pois a dádiva da graça nunca requer ou espera retribuição.

Deus não fica irritado com a gente?

A maioria de nós sabe como é ser disciplinado por Deus e nos perguntamos se Sua disciplina prova que Ele, de fato, às vezes se irrita conosco ou que nem sempre lida conosco de acordo com a graça. A mão de Deus que nos corrige vem de diferentes maneiras, mas geralmente é uma dificuldade que Ele coloca em nossa vida para servir de correção. Algumas pessoas acham que esse tipo de "palmada espiritual" do nosso Pai celestial prova que Ele às vezes fica com raiva de nós e nos faz mal quando merecemos. Mas Hebreus 12:5-7 diz que devemos considerar a mão corretiva de Deus como uma marca especial de Seu favor e bondade:

> Vocês se esqueceram da palavra de ânimo que ele lhes dirige como a filhos: "Meu filho, não despreze a disciplina do Senhor, nem se magoe com a sua repreensão, pois o Senhor disciplina a quem ama, e castiga todo aquele a quem aceita como filho". Suportem as dificuldades, recebendo-as como disciplina; Deus os trata como filhos. Pois, qual o filho que não é disciplinado por seu pai?

Nosso Pai celestial é um pai perfeito. Como pais terrenos, sabemos que é comum disciplinar os filhos da maneira errada, com raiva. Isso acontece quando um filho irrita o pai ou a mãe. Mas Deus nunca nos corrige por irritação. Como um pai perfeito, Ele disciplina por amor. Podemos pensar que o castigo de Deus significa que Ele está com raiva ou irritado conosco, mas isso acontece apenas porque deixamos de vê-Lo como o Pai perfeito que nos corrige por um amor perfeito.

Como todo pai sabe, a correção amorosa é um grande benefício para os filhos. Provérbios 13:24 diz: *"O que poupa a vara [de correção] odeia seu filho, mas o que o ama o disciplina prontamente."* Quando Deus nos castiga, Ele dá o Seu melhor quando talvez só queiramos o que é mais fácil. Essa é certamente uma marca de

Sua graça, mesmo que no momento possa ser doloroso ou difícil. Deus, como um Pai amoroso e perfeito, corrige Seus filhos por amor e bondade, nunca por raiva ou desejo de causar dor.

Fazendo uma Escolha

Como seguidores de Jesus, temos que fazer uma escolha. Nossa posição atual perante Deus é de graça: Ele nos ama e nos aceita independentemente de nosso merecimento ou méritos. O Pai olha para os méritos de Jesus, não para os méritos do cristão. Escolhemos nos relacionar com Deus de acordo com o princípio da lei ou com o princípio da graça. Concordaremos com Deus e nos veremos firmes na graça, entendendo que devemos continuar na graça durante toda a nossa vida cristã? Ou concordaremos com o diabo e a carne e escolheremos ver nossa posição diante de Deus segundo o princípio da lei? Essa escolha afeta todos os aspectos de nossa vida cristã. Como podemos fazer a escolha certa? Algumas resoluções finais nos ajudarão.

Primeiro, devo decidir aceitar esse favor de Deus porque Ele o prometeu. Lembre-se de que temos acesso pela fé a essa graça na qual estamos (Romanos 5:2). Deus me oferece um relacionamento pela graça, e devo aceitá-lo pela fé Nele, confiando em Sua oferta. Deixarei de tentar ganhar o favor de Deus e não esperarei até me sentir digno de receber Seu amor.

Em segundo lugar, devo entender que, por estar na graça, não estou em um "período de teste" diante de Deus. Como minha salvação ou aceitação perante Ele se baseia nos méritos de Jesus, não preciso me preocupar com a possibilidade de Deus estar esperando que eu falhe para me expulsar de Sua presença. A graça proporciona uma posição segura e eterna para o filho de Deus, uma posição que Ele manterá para sempre. Sou aceito em Cristo; portanto, sou totalmente aceito agora mesmo. Se a aceitação de Deus tivesse que ser obtida por meio de meus méritos, então ela só poderia ser concedida depois que meu desempenho atingisse o padrão de Deus. Mas com a graça, não há período de teste em que Deus decide se realmente me quer ou não.

Em terceiro lugar, decido considerar a mão corretiva de Deus como uma marca de Sua bondade e favor, não de Sua raiva e rejeição. Ele só disciplina aqueles a quem ama.

Por fim, espero ser abençoado por Deus com base nos méritos de Jesus. Por estar na graça, desfruto do favor e da aceitação de meu Pai celestial e espero que Ele me abençoe, de acordo com as riquezas de Sua graça.

Capítulo Cinco

Aceito no Amado

Para louvor e glória da sua graça, pela qual nos fez agradáveis (aceitos) a si no Amado. (Efésios 1:6)

Tennessee Williams, o famoso dramaturgo americano, decidiu certa vez procurar os serviços de um psicanalista. Depois de várias sessões, ele subitamente anunciou que não falaria mais com seu terapeuta. Quando lhe perguntaram o motivo dessa decisão, ele respondeu: "Ele estava se intrometendo demais em minha vida particular."[44]

Aparentemente, por trás da resposta bem-humorada de Williams estava a crença de que pouco poderia ser ganho com o tempo que ele passava no divã de um psicanalista. Talvez ele compartilhasse da opinião de outro homem do ramo do entretenimento, Samuel Goldwyn, que certa vez disse: "Qualquer pessoa que vai a um psiquiatra deveria ter sua mente examinada!"[45]

Apesar dessas opiniões, muitas pessoas atualmente buscam respostas para seus problemas na porta de um psicólogo. Como um todo, a psicologia atual é uma miscelânea de ideias que vão do sublime ao ridículo. Há pouca concordância entre um autoproclamado especialista e outro, e parece que há tantas teorias diferentes sobre o que nos faz funcionar quanto há psicólogos com vozes ativas ou artigos publicados. Para quem observa, não parece que os psicólogos possam falar de forma unânime sobre qualquer coisa; no entanto, quase todos eles se unem com incrível harmonia sobre este fato da socialização humana: todos nós temos uma necessidade vital de nos sentirmos aceitos pelos outros.

A necessidade de aceitação é claramente demonstrada em nossa afeição por histórias sobre aqueles que já foram rejeitados, mas que depois foram recebidos por seus semelhantes. Por exemplo, o heroico elefante de circo, Dumbo, foi desprezado e excluído por todos os outros animais do circo por causa de suas orelhas feias e desajeitadas. Ninguém o aceitava por quem ele era, e ele parecia condenado a uma vida de lágrimas e rejeição. No entanto, no final da história, todos os outros animais aceitaram e até honraram Dumbo porque ele havia descoberto seu maravilhoso dom de voar. As mesmas orelhas caídas que o tornaram objeto de desprezo também o fizeram admirado e aceito pelos outros.

Muitos de nós esperamos encontrar aceitação e aprovação de maneira semelhante. Pensamos: *"Se ao menos eu pudesse fazer algo espetacular, os outros veriam que sou uma pessoa de valor"*. Muitas vezes, parece que estamos a apenas uma conquista de realmente saber que os outros nos apreciam. Com a realização certa, poderíamos ganhar a admiração e o respeito deles e ter a maravilhosa certeza de que somos aceitos. Infelizmente, a maioria de nós não tem os poderes especiais para fazer algo tão espetacular, e nos sentimos presos em nossa própria luta para obter aprovação e nos sentirmos valiosos.

O que nos torna aceitáveis?

A sociedade não facilita nossa busca por aceitação porque ela tem uma maneira cruel de determinar nosso valor. Esse código rígido do que torna uma pessoa valiosa é pregado em praticamente todas as áreas. A televisão, as revistas, os jornais, os grupos de colegas e os anúncios se unem no que parece ser uma conspiração unida, dizendo-nos o que é necessário para que tenhamos algum valor.

O requisito número um para ser aceito como uma pessoa de valor é a atratividade física. As crianças que têm boa aparência desfrutam de um status especial na escola e na vizinhança quando comparadas a seus amigos menos bonitos. Quase todo mundo sabe o que é ser ridicularizado por ter uma aparência diferente, mas, para algumas pessoas, essa experiência dolorosa é uma realidade da vida.

Outros padrões para ser "alguém" em nossa cultura incluem inteligência e riqueza. Se você for inteligente, ou se as pessoas acharem que você é, poderá ser admirado apesar de que não passe no teste de beleza. Se você é rico, as pessoas o aceitam e o consideram uma pessoa de valor porque você tem dinheiro. Mas, se você não for bonito, inteligente ou rico, terá três fatores contra você. Esse é um sistema frio e brutal, mas está profundamente arraigado em nossa sociedade, e precisamos negar conscientemente esses padrões para pensar de forma diferente. A atitude do mundo em relação à aceitação social é como a lei do mais forte; os belos, inteligentes e ricos terão sucesso, e para os demais, boa sorte. Portanto, se alguma vez você sentir que não está à altura dos padrões do mundo, fique tranquilo - você é a maioria.

Felizmente, como cristãos, não precisamos adotar os padrões do mundo como se fossem nossos. Temos a Palavra de Deus para seguir, e ela oferece uma maneira melhor de determinar o valor e satisfazer essa grande fome de aceitação dentro de nós. Se abraçarmos a maneira de pensar de Deus, primeiro devemos deliberada e conscientemente abandonar o pensamento que marca nossa cultura. Devemos fazer um esforço consciente para modelar nossos valores de acordo com o que Deus diz, e não com o que a maioria diz.

Em sua carta aos Efésios, Paulo ensina sobre como encontrar aceitação. Em Efésios 1:6, ele descreve *"para louvor e glória da sua graça, pela qual nos fez agradáveis a si no Amado"*. Paulo revelou dois princípios importantes nessa passagem. Primeiro, pela graça, Deus fez com que o crente fosse aceito em Jesus Cristo. Segundo, essa graça é gloriosa, e essa obra da graça tem o objetivo de produzir louvor em nós.

Sentindo-se Inaceitável

Cada pessoa tem uma abordagem diferente para lidar com sua necessidade de aceitação. Alguns negam essa necessidade fazendo-se de durões, mas uma necessidade não pode ser satisfeita negando que a temos. Fingir que não estamos com sede não satisfaz nossa sede! Jogar o jogo da negação geralmente produz uma pessoa insegura com uma fachada de durona. Todos acham que esse tipo de indivíduo é bem ajustado, mas por dentro esses dissimulados às vezes sentem que estão se despedaçando.

Quer admitamos ou não nossa necessidade de nos sentirmos aceitos, a maioria de nós transforma essa necessidade em um sentimento de que somos inaceitáveis ou sem valor. Passamos a acreditar que, se não nos sentimos aceitos, é porque somos pessoas inadequadas. Todos experimentam esses sentimentos de inferioridade de tempos em tempos, mas, para muitos, esses sentimentos de inadequação, falta de confiança e certeza de inutilidade são um modo de vida. Essas pessoas geralmente se sentem incomodadas com o pensamento: *"Meus amigos não gostariam de mim se realmente me conhecessem."* Esse desespero é expresso em uma antiga canção:

> Ninguém me ama, ninguém me quer
>
> Ninguém me chama de meu amor![46]

Ficamos convencidos de que o problema está em nós, pensando que se fôssemos o tipo de pessoa que deveríamos ser, nossa necessidade de aceitação seria satisfeita. Isso gera culpa por um desejo que Deus criou em nós por uma razão. Nós nos culpamos por algo que, na verdade, tem um propósito glorioso e divino - seria como nos odiarmos por sentirmos fome, sono ou sede. Em vez de nos culparmos por um desejo que Deus colocou dentro de nós, devemos, em vez disso, satisfazer a necessidade da maneira que Ele planejou. Infelizmente, a maioria das pessoas ignora a maneira de Deus de atender a essa fome e tenta satisfazê-la de outra forma.

Buscando Aprovação

Certa vez, o filósofo grego Diógenes ficou perto de uma estátua e pediu dinheiro à escultura. Alguém notou e perguntou por que ele estava fazendo uma coisa tão inútil, e ele respondeu: "Estou praticando a arte de ser rejeitado".[47]

Isso pode ser bom para um filósofo grego antigo, mas a nossa sociedade atual está entregue ao exercício da arte de ser aceito.

Quando nos propomos a satisfazer nossa necessidade de aceitação, geralmente tentamos fazê-lo de acordo com a fórmula do mundo. Procuramos nos tornar tão atraentes quanto possível, tão brilhantes e inteligentes quanto pudermos ser e tão ricos quanto pudermos parecer.

Uma mulher passa fome fazendo dieta, é escrava do cabelo e da maquiagem e depois gasta uma fortuna em roupas e joias. Um homem investe seu tempo e dinheiro em uma academia de ginástica para ter o físico ideal. As pessoas pesquisam on-line e nas redes sociais para que possam dizer a coisa certa sobre os eventos atuais ou ter um comentário inteligente no momento certo. As coisas são compradas apenas para impressionar os outros. Fazemos essas coisas porque desejamos nos sentir aceitos pelos outros e estamos convencidos de que a beleza, a inteligência e a riqueza abrirão o caminho. Tentamos desesperadamente atender a essa necessidade de aceitação dada por Deus, mas estamos fazendo isso da maneira errada.

Nossa busca por beleza ou riqueza não é errada nem prejudicial em si mesmas, mas como meio de atender à nossa necessidade de aceitação, é completamente ineficaz. Logo descobrimos que não basta ser atraente. Depois de nos tornarmos bonitos, precisamos nos *manter* bonitos e travar uma guerra contra o inevitável processo de envelhecimento. Mesmo se acharmos que nos tornamos atraentes o suficiente, teremos de conviver com aqueles que nos aceitam apenas por sermos atraentes. O mesmo acontece quando tentamos ser aceitos por qualquer um dos métodos do mundo. Tragicamente, não somos bonitos para sempre. Sempre há alguém mais inteligente ou alguém que tem mais das características certas que impressionam os outros. Com sorte, logo perceberemos a vaidade de tentar encontrar valor e aceitação de acordo com os padrões da sociedade e deixaremos de jogar o jogo do mundo de acordo com as regras do mundo.

A necessidade de aceitação é um impulso persistente e comum entre os seres humanos, e é razoável perceber que Deus colocou essa necessidade dentro de cada um de nós. Sabemos que Deus deu a todos os desejos relacionados ao corpo físico (como sono e fome), mas às vezes não percebemos que Ele também colocou desejos emocionais dentro de nós. Portanto, se Ele colocou essa necessidade em nós, Ele tem uma maneira divinamente estabelecida de atender a essa necessidade. Nossos corpos físicos têm fome e sede, e Deus determinou que esses desejos fossem satisfeitos com comida e bebida. Mas e quanto à nossa necessidade de sermos aceitos pelos outros? Como Deus determinou que essa necessidade fosse saciada?

Deus escolheu satisfazer nossa necessidade de aceitação entrando em um relacionamento conosco, por meio do qual recebemos Sua graça para satisfazer essa necessidade. Fomos criados para precisar de outras pessoas também, mas o alicerce da aceitação deve ser estabelecido somente em Deus.

Altamente Favorecido pela Graça

Em certo sentido, a graça pode ser descrita como a atitude de Deus em relação a nós. Ela define o que Deus pensa do cristão, como Ele se sente em relação a nós à luz do que Jesus fez. Nossa posição com base na graça pode ser expressa da seguinte forma: somos *altamente favorecidos* em Jesus e nunca aceitos de má vontade.

No idioma original do Novo Testamento, a palavra que Paulo usou para *feito agradável, aceito* em Efésios 1:6 é *charito*. Essa palavra é usada apenas duas vezes no Novo Testamento, e a segunda vez que aparece é em Lucas 1:28. Nessa passagem, o anjo Gabriel vai até Maria para lhe dizer que ela foi escolhida para ser a mãe do Messias. Essa foi uma bênção única e especial, algo que a tornou a pessoa mais privilegiada que já existiu. Quando Gabriel apareceu a Maria, suas primeiras palavras foram: *"Alegra-te, muito favorecida! O Senhor é contigo."* (Lucas 1:28 ARA). A expressão "muito favorecida" traduz o termo *charito* do idioma original do Novo Testamento. Gabriel disse a Maria que ela era muito favorecida, ou cheia de graça, aos olhos de Deus.

O apóstolo Paulo usou essa mesma palavra *charito* em referência à como Deus vê o que crê em Jesus. Em outras palavras, tão especiais e abençoados quanto Maria - é assim que somos para Deus. Ele nos vê como pessoas altamente favorecidas, tão aceitáveis a Ele quanto Maria. É difícil pensar em qualquer ser humano que possa ser tão especial e abençoado por Deus quanto a mãe de Jesus, mas Paulo nos diz que, em Jesus, o cristão é visto da mesma forma. Isso não deve rebaixar nossa percepção de Maria, mas deve elevar nossa percepção de quem somos em Jesus.

O fato de sermos muito favorecidos nos diz algo mais sobre a atitude de Deus em relação a nós. Isso prova que Ele não nos aceita com relutância ou hesitação; Ele nos aceita com entusiasmo e alegria. Todos nós sabemos o que é ser aceito com relutância. Se alguma vez você foi o último a ser escolhido para um time na aula de educação física, você conhece a sensação. Os outros podem ter deixado você jogar, mas você estava dolorosamente ciente de que eles realmente não o queriam no time. A única razão pela qual você foi aceito é porque eles sabiam que todos tinham de fazer parte de uma equipe.

A escolha de Deus não é de forma alguma assim. Sua atitude não é: *"Bem, eu realmente não quero aceitar tal pessoa, mas acho que tenho que aceitar porque eles estão em Jesus Cristo"*. O Pai não nos aceita com reservas ou com dúvida hesitante. Devemos desfrutar desse status altamente favorecido a partir do momento em que confiamos genuinamente em Jesus para a salvação e a vida.

De fato, Maria encontrou esse favor diante de Deus e foi abençoada por ser aquela que daria à luz Jesus. Esse privilégio provou que ela era realmente aceita por Deus. Ele não daria o direito de dar à luz Seu Filho a alguém que não fosse aprovado aos

Seus olhos. O Cristo menino dentro dela era uma prova positiva de que ela era aceita por Deus.

Mesmo assim, o cristão também é portador de Cristo - não da mesma forma que Maria, mas de uma forma maravilhosa. Paulo, em Colossenses 1:27, falou sobre esse grande mistério: *"Cristo em vós, a esperança da glória"*. Cristo habita no crente, e o crente é, nesse sentido, um portador de Cristo. Sendo cheios de Cristo, também somos cheios de graça, assim como Maria. Esse privilégio é uma evidência de que fomos *completamente* aceitos por Deus.

O que nos torna aceitáveis?

Por que Deus aceita aqueles que se achegam a Ele pela fé, confiando em quem é Jesus e no que Ele fez na cruz? Por que Ele nos vê em termos tão favoráveis e privilegiados? De acordo com Paulo em Efésios 1:6, há apenas uma resposta: É a obra de Deus, com base na graça, que nos torna favorecidos e aceitáveis aos Seus olhos. Quando Ele nos aceita por Sua graça, Ele nos aceita com base em um princípio que nada tem a ver com o que merecemos. Ele nos recebe por causa do tipo de Deus que Ele é, não por causa do tipo de pessoas que somos.

A graça é a única base pela qual encontramos aceitação diante de Deus. Nenhum de nós pode ser bom o suficiente ou fazer boas ações suficientes para persuadir Deus a nos aceitar com base em nossas obras ou méritos. Nossos méritos não têm poder para convencer Deus, mas os méritos de Cristo têm esse poder. Jesus agradou perfeitamente ao Pai. Ele disse: *"Aquele que me enviou está comigo; ele não me deixou sozinho, pois sempre faço o que lhe agrada"* (João 8:29). Nenhuma outra pessoa poderia fazer tal afirmação! Ninguém mais agradou perfeitamente ao Pai como Jesus agradou.

Portanto, um privilégio incrível é dado àqueles que nem sempre fizeram as coisas que O agradam, apresentar-se diante de Deus com base nos méritos Daquele que sempre agradou ao Pai.

Hoje em dia, fala-se muito sobre aceitar Jesus Cristo, e isso é algo que deve ser discutido. É bom descobrir se outras pessoas O aceitaram, mas uma pergunta mais importante é esta: Deus aceitou você? A única maneira de encontrar esse status de aceitação e aprovação perante Ele é olhar para os méritos de Seu Filho, confiando que a obra de Cristo no Calvário foi completamente eficaz para abrir um caminho para Deus.

Também sabemos que, como cristãos, nos apresentamos a Deus em nome de Jesus, não em nosso próprio nome. Por exemplo, se eu fosse ao Chase Manhattan Bank em Nova York e tentasse sacar US$100, o caixa diria: "Sinto muito, senhor, mas não podemos lhe dar nenhum dinheiro. O senhor não tem dinheiro depositado neste banco". Meu nome não significaria nada para as pessoas do Chase Manhattan Bank.

Mas e se eu voltasse ao banco com um cheque de US$ 1.000,00, emitido pelo maior depositante do banco? A caixa não se importaria se eu tivesse dinheiro naquele banco ou em qualquer outro; ela me daria o dinheiro por causa da pessoa que assinou o cheque.

Ir a Deus em nome de Jesus é exatamente assim. Não temos crédito no céu em nosso próprio nome, mas quando nos apresentamos em nome e com os méritos de Jesus, encontramos o Pai sempre pronto para nos receber e nos dar o que precisamos.

Quando nos aproximamos do trono de Deus, devemos nos aproximar com confiança nos méritos de Jesus. Quaisquer que sejam os méritos que pensemos ter, não serão aceitos. Mas Jesus foi completamente aceito pelo Pai e, por causa da generosa oferta de Deus, podemos compartilhar dessa aceitação pela fé. É por isso que Paulo diz em Efésios 1:6 que somos "aceitos no Amado". O Amado é Jesus, e encontramos nossa aceitação perante Deus por causa de quem somos nEle. O favor de Deus é concedido com base na graça, tendo em vista quem você é em Jesus agora e não em vista de obras ou boas ações que você possa realizar um dia.

Quebrando o Vício da Aprovação dos Outros

Uma das coisas mais saudáveis que podemos fazer é nos convencermos de que Deus nos aceita plena e completamente com base em quem somos em Jesus. De fato, Ele nos vê em termos do mais alto favor. Um grande benefício que obtemos com essa percepção é que ela satisfaz a raiz de nossa necessidade de aceitação. Deus nos criou com uma fome de aprovação, e Ele pretendia que ela fosse satisfeita dessa maneira. Saber que o Deus soberano do universo nos aceita é grande o suficiente para dominar nossa consciência, e esse conhecimento deve preencher nossa vida com uma segurança e uma paz inigualáveis.

Quando essa necessidade básica é satisfeita, conseguimos sair da armadilha da dependência da aprovação dos outros. Esse vício em aprovação é venenoso. Ele nos torna escravos da opinião da multidão até mesmo nos pequenos detalhes da vida. Procuramos ganhar a aprovação do mundo jogando de acordo com suas regras e acabamos frustrados e solitários ou convencidos e populares. É claro que é agradável ter a aprovação dos outros, mas quando descansamos na graça de Deus, podemos saber que, se os outros nos rejeitam, não é porque somos pessoas "inaceitáveis". Se Deus nos aceita, somos aceitáveis, não importa o que os outros digam!

Devemos reconhecer que os outros nem sempre apreciarão a beleza que Deus vê em nós. No entanto, não podemos começar a concordar com aqueles que não veem nossa beleza em Jesus e discordar do que Deus pensa sobre nós.

Em 1796, soldados hostis ao cristianismo e à igreja usaram a capela de um convento em Milão, na Itália, como depósito, dormitório e, mais tarde, como prisão. Eles não gostaram muito das pinturas na parede, então jogaram pedras e arranharam os olhos de algumas das figuras pintadas. A pintura que eles tentaram arruinar não era uma obra de arte comum - era a obra-prima de Leonardo da Vinci, "A Última Ceia".[48]

Como alguém pode ser tão insensível a uma obra de tamanha beleza, pintada por um grande mestre? Apesar do fato de aqueles soldados não terem apreciado a genialidade de da Vinci, sabemos que ele ainda era um mestre artista. Da mesma forma, mesmo que os outros não apreciem a beleza e o favor que temos em Jesus, nós o temos da mesma forma.

E quanto a aceitarmos a nós mesmos?

Nossa necessidade de aceitação nos leva a buscar a aprovação não apenas dos outros, mas também de nós mesmos. Muitos de nós têm mais dificuldade em encontrar paz com nós mesmos do que os outros parecem ter em nos aceitar. Muitas vezes, as pessoas sentem que podem perdoar os outros, mas não conseguem perdoar ou aceitar a si mesmas.

A graça nos ajuda a lidar com nossa necessidade de sermos aceitos pelos outros e também é a maneira de Deus nos ajudar a aceitar a nós mesmos. Quando acreditamos de fato nos princípios da graça de Deus, podemos vencer o espectro sombrio interior que se recusa a ficar em paz com quem somos em Jesus. O tempo todo, nos lembramos de que nossa aceitação está *no Amado*. As razões para nossa aceitação são encontradas em Jesus.

Muitas vezes, nossa incapacidade de aceitar a nós mesmos está enraizada em uma exigência interior de obter aceitação perante Deus. Enquanto nos sentirmos compelidos a dar a Deus um motivo para nos amar e aceitar, não conseguiremos encontrar esse amor e essa aceitação. Deus quer que paremos de tentar dar a Ele motivos para nos amar e comecemos a ver que todos os motivos estão em Seu Filho. Nossa aceitação está *no Amado*, não em nós mesmos. Sabendo disso, podemos parar de tentar nos perdoar e descansar na verdade de Deus sobre o perdão e a reconciliação. A obra de Jesus no Calvário foi completamente agradável e eficaz perante Deus. Sua obra fornece tudo o que precisamos para nossa reconciliação e aceitação. Não há nada que possamos acrescentar à Sua obra para torná-la mais eficaz. Finalmente, podemos parar de esperar para nos sentirmos perdoados e começar a acreditar na Palavra de Deus e a responder às Suas promessas com fé.

Benefícios de Ser Muito Favorecido

Quando descansamos nos méritos de Jesus para atender à nossa necessidade de aceitação, podemos saber que somos totalmente aceitos por Deus e que não estamos em teste perante Ele. Ele não está esperando por mais evidências de nossa parte, porque nossa aceitação está enraizada em quem somos em Cristo. Não precisamos viver com medo de que Deus um dia nos descubra ou mude de ideia, deixando-nos fora de Seu amor e favor.

Ser *Aceito* no *Amado* significa que podemos nos livrar dos enganos do diabo que causam culpa. Uma de suas grandes estratégias é nos convencer de que Deus geralmente está irritado ou com raiva de nós, ou que Ele não é mais nosso amigo e se tornou nosso adversário. O diabo nos diz coisas como: "Deus está bravo com você porque você não orou hoje, e é por isso que algo horrível vai acontecer com você". Quando depositamos nossa fé na verdade de Deus, sabemos que essa acusação simplesmente não é verdadeira. Deus certamente deseja obediência e devoção de nossa parte, mas Ele busca essas coisas depois que a questão da aceitação foi resolvida. Pregar a obediência e a devoção em primeiro lugar e a aceitação em Jesus em segundo é colocar a carroça na frente dos bois. A carroça e os bois andam juntos (e, nesse caso, não podem ser separados), mas as primeiras coisas devem ser colocadas em primeiro lugar.

Resolver a questão de nossa aceitação como seres humanos traz uma enorme liberdade. Isso significa que ser rejeitado por outra pessoa não é o fim do mundo. Jesus nos disse que, neste mundo, enfrentaremos rejeição e perseguição, até mesmo de nossos amigos e familiares mais próximos. Mas quando sabemos que somos aceitos em Cristo, não vivemos com medo da rejeição dos outros. Pode ser doloroso quando nos excluem, mas essa é uma reação passageira. Em vez disso, encontramos liberdade para amar e ser quem somos em Cristo perante o mundo, porque a questão da aceitação está resolvida para sempre. Sabemos o que Deus pensa a nosso respeito, e isso é suficiente.

Por fim, acreditar que somos aceitos no Amado proporciona uma visão correta de nós mesmos que dá a Deus a glória. Isso não encobre o fato de que, sem Jesus, estamos destinados ao julgamento de Deus. Ela não ignora o fato de que, sem Cristo, somos rebeldes contra Deus e que o pecado vem de nós tão naturalmente quanto a respiração. Mas quando confiamos nossa vida a Cristo e buscamos ser encontrados Nele, a história é diferente. O Pai nos vê de acordo com o que somos em Seu Filho. Não podemos receber nenhum crédito pelo fato de sermos aceitos no Amado e não podemos receber nenhuma glória por esse status privilegiado diante de Seu trono. Somente Deus recebe a glória.

Por que Deus Fez Dessa Maneira

Uma das principais intenções de Deus nesse plano é que pudéssemos ver e louvar a glória de Sua graça. Quando Paulo escreveu sobre *a glória de Sua graça* em Efésios 1:6, ele quis dizer que a glória de Deus e Sua graça andam juntas. A glória de Deus é certamente um tema majestoso que vai além da definição humana; no entanto, é útil entender Sua glória como sendo Sua natureza essencial. A glória é o que identifica Deus como Deus. Ela inclui as ideias de beleza, majestade e esplendor, bem como grandeza, poder e eternidade.

A graça declara a glória de Deus por meio de Sua redenção e reconciliação da humanidade em uma posição de "altamente favorecida". A redenção e a reconciliação que vêm pela graça revelam a beleza do amor de Deus, a majestade de Seu caráter, o esplendor de Seu perdão, a grandeza de Seu sacrifício, o poder de Sua justiça e a eternidade de Seu conhecimento. Em resumo, a obra da graça de Deus exibe Sua glória.

Essa gloriosa graça foi planejada para produzir uma resposta em nós. Paulo nos chama para *o louvor da glória de Sua graça*. O desejo de Deus é que, quando a graça opera em nós, ela desperte em nós o louvor a Deus. E sob a graça, Deus é louvado porque é Ele quem atende à grande necessidade de aceitação do homem. Nenhuma outra pessoa ou coisa pode preencher essa necessidade adequadamente. Sob a graça, Deus recebe o louvor por atender à nossa necessidade. Orgulhar-se de nossa condição de "muito favorecidos" em Jesus é loucura. Refletindo sobre esse versículo, o ministro galês D. Martyn Lloyd-Jones disse: "Por que sou o que sou como cristão? Só há uma resposta: fui 'muito favorecido' pela graça de Deus. Eu dou a Ele toda a glória!"[49]

Aqueles que estão mais familiarizados com a obra da graça de

Deus devem ser Seus adoradores mais sinceros e apaixonados. Eles entendem como Deus demonstrou Sua glória por meio de Sua graça.

Não Espere Para Receber

Na época em que o ocidente era realmente o Novo Mundo, a exploração em grandes navios era uma atividade cheia de perigos. Um problema constante era como manter água potável suficiente a bordo. Muitas tripulações morriam de sede quando ficavam presas em um mar de água salgada que não se podia beber.

Uma dessas tripulações estava na costa leste da América do Sul e quase foi destruída pela desidratação. Seus pedidos de ajuda foram atendidos quando, ao longe, viram outro navio vindo em sua direção. Quando os marinheiros sedentos pediram água, os homens do outro navio lhes disseram que simplesmente colocassem os baldes onde estavam! Isso parecia uma piada cruel. Eles estavam muito longe no mar e não se via terra em lugar algum. Eles sabiam que a água salgada era mortal e que não poderia aliviar a sede de um homem. Mas, sem que os marinheiros sedentos soubessem, o grande rio Amazonas desaguava em suas águas e levava água doce potável até uma milha além da costa. Eles realmente poderiam colocar seus baldes onde estavam e beber a água doce do rio Amazonas. Mas, em vez disso, quase morreram de sede enquanto navegavam em água doce e boa para o consumo.[50]

Para cada um de nós que está sedento para satisfazer nossa necessidade de aceitação, Deus diz: "Coloque seus baldes onde você está". Não precisamos escalar uma montanha ou fazer uma peregrinação para sermos aceitos por Deus. Podemos simplesmente nos achegar a Ele com uma disposição genuína de negar a nós mesmos e confiar completamente em Cristo. A satisfação de nossa necessidade de aceitação não está longe; ela está disponível exatamente onde estamos. Faça exatamente o que Martinho Lutero aconselhou seus leitores a fazerem:

> Treine sua consciência para acreditar que Deus o aprova. Lute contra a dúvida. Obtenha segurança por meio da Palavra de Deus. Diga: "Estou bem com Deus. Tenho o Espírito Santo. Cristo, em quem de fato creio, me torna digno. Ouço, leio, canto e escrevo sobre Ele com prazer. Não gostaria de nada melhor do que o Evangelho de Cristo fosse conhecido em todo o mundo e que muitos, muitos fossem levados à fé Nele."[51]

Capítulo Seis

Graça, Lei e Pecado (Parte 1)

A lei foi introduzida para que a transgressão fosse ressaltada. Mas onde aumentou o pecado, transbordou a graça, a fim de que, assim como o pecado reinou na morte, também a graça reine pela justiça para conceder vida eterna, mediante Jesus Cristo, nosso Senhor. (Romanos 5:20-21)

O reino de Deus não é uma democracia. Ele não toma decisões políticas discutindo-as primeiro com um congresso de anjos ou com a comunidade dos redimidos. Deus é o chefe, Ele determina a política e o procedimento, e faz isso sem se desculpar. Isso, em parte, é o que significa ser o Deus soberano. Felizmente, é uma espécie de ditadura benevolente com um Senhor perfeito e amoroso ditando as políticas.

Mas imagine por um momento um conselho imaginário em um paraíso "democrático" imaginário. Imagine que Deus está explicando aos anjos Seu plano para a salvação do homem e que Ele lhes diz que realizará esse plano demonstrando Seu amor e favor aos seres humanos - graça a ser recebida com base em sua fé

Nele, não em seu comportamento. Ele diz que não importa quanto pecado eles tenham, porque Ele oferecerá graça maior do que o pecado deles. E explica que não motivará esses redimidos fazendo-os pensar que precisam merecer Sua aceitação. Em vez disso, Ele os amará tão incondicionalmente que eles O obedecerão por gratidão.

Sei que, se eu fosse um dos anjos que ouviu esse plano, minha mente ficaria confusa. Imediatamente, eu apresentaria objeções: Primeiro, se Deus lidasse com esses humanos pecadores com base na graça, eles se aproveitariam Dele e de Sua graça. Eles pecariam intencionalmente, sabendo que sempre poderiam voltar para receber mais de Sua graça. Eu diria que se Deus quisesse a obediência dos seres humanos, seria melhor manter essa ameaça de punição sobre suas cabeças. Parece-me que a graça seria um sistema perigoso demais, e que Ele deveria se ater ao sistema da lei.

Todos nós podemos entender que o reino de Deus não é uma democracia e que Deus não depende do conselho de anjos. Também sabemos que Ele escolheu lidar com o homem e oferecer-lhe a salvação com base na graça e não na lei. No entanto, essas objeções não são ainda válidas? Não é verdade que é perigoso dizer que Deus concede Seu amor e favor independentemente de nosso desempenho passado, presente ou futuro? Isso não abrirá a porta para vivermos como quisermos e não nos preocuparmos com os padrões de Deus?

Talvez você conheça alguém que vive assim. A vida dessa pessoa é marcada pela desobediência a Deus, mas ela acredita que, como Deus é tão bom, Ele a deixará em paz. Talvez reflitam uma atitude que pressupõe: "*O Deus amoroso perdoará meus pecados. Esse é o trabalho Dele!*" Elas presumem da graça e do perdão de Deus, mas acabam desonrando o nome de Cristo. Seu lema implícito é: "Eu adoro pecar, e Deus adora perdoar. É um belo acordo".

De um ponto de vista puramente humano, a graça é perigosa. É por isso que muitas pessoas não ensinam ou não acreditam na graça e, em vez disso, enfatizam a vida pela lei. Elas acreditam que se você disser às pessoas que Deus as ama e as aceita independentemente do que elas merecem, elas não terão motivação para obedecê-

Lo. Em sua opinião, as pessoas simplesmente não conseguem permanecer na linha reta e estreita sem uma ameaça pairando sobre suas cabeças.

A graça pode ser perigosa para nós, mas, no plano de Deus, Ele a tornou segura. Ele implementou um sistema que efetivamente neutraliza o perigo, e é nosso dever entender e cooperar com esse sistema.

Em sua carta aos Romanos, capítulos 5 e 6, o apóstolo Paulo explica cuidadosamente a relação da graça de Deus com o pecado humano. Ele conta como Deus escolheu responder ao pecado do homem em termos de graça e como instituiu um sistema que protege contra o abuso da graça por aqueles que a recebem.

Pecado Abundante, Graça Superabundante

O caminho do pecador pode ser árduo (Provérbios 13:15), mas com certeza não é solitário, já que não faltam pecados ou pecadores no mundo atual. Há uma história sobre um pregador de rádio que afirmou que existem 572 pecados diferentes mencionados na Bíblia. Após esse anúncio, ele recebeu uma enxurrada de pedidos da lista, de pessoas que acharam que estavam esquecendo algum pecado em suas vidas!

Qualquer pessoa que olhe ao redor pode ver que o pecado abunda no mundo. Qualquer pessoa honesta sabe que o pecado também abunda em seu interior. Mas o que talvez não percebamos é que o sistema da lei faz com que o pecado abunde em nós. Isso é contrário ao pensamento de algumas pessoas, que tentam resolver o problema do pecado com o sistema da lei. Ou seja, elas tentam lidar com o pecado criando uma longa lista de regras e regulamentos com o pensamento: *"Faça tudo isso e Deus o aceitará"*. Mas Paulo nos diz de forma clara e poderosa que, em vez de controlar e vencer o pecado, o sistema da lei faz com que o pecado aumente.

Como isso acontece? Primeiro, a Lei *nos revela claramente o que fizemos de errado*. O sistema da lei é como um espelho. Se nosso rosto estiver sujo, geralmente não sabemos o quanto realmente está sujo. Podemos achar que estamos bem, mas quando nos olhamos no espelho da lei, vemos exatamente como nosso rosto está sujo. Não há como escapar do conhecimento de nossa pecaminosidade sob a Lei. Essa é uma das maneiras pelas quais a Lei faz com que o pecado aumente.

Outra maneira pela qual a Lei faz com que o pecado seja abundante é que ela faz com que o infrator fique *sem qualquer desculpa*. Depois de vermos o padrão justo da Lei de Deus, não podemos alegar a desculpa da ignorância. Embora seja verdade que a ignorância da Lei não é uma desculpa, também é verdade que nossa culpa é muito maior quando pecamos conscientemente contra a Lei revelada de Deus.

Além disso, uma vez que a Lei é revelada, *surge a intenção deliberada de desafiá-la*. Quando sabemos quais são as regras, sentimos um ímpeto dentro de nós para quebrá-las. Por exemplo, uma vez eu estava na casa de um amigo durante o almoço. Sua comida estava no prato, e seu filho de cinco anos queria um pouco. Mas meu amigo advertiu solenemente seu filho: "Não toque na minha comida!" Quando meu amigo se virou, seu filho quase imediatamente estendeu a mão e com o dedo tocou na comida. Ao fazer isso, ele olhou de volta para o pai, mas este não fez nada. O menino logo percebeu que o pai não estava falando sério quando disse: "Não *toque* na minha comida", mas na verdade queria dizer: "Não *coma* a minha comida". Quando o menino percebeu isso, tentou rapidamente dar uma mordida, mas seu pai o impediu rapidamente! O interessante da história é que essa não era uma criança especialmente malcriada ou de temperamento forte. Ele era um garoto normal e simplesmente um membro da raça humana. Sempre que um padrão é colocado diante de nós, surge um desejo interno de desafiar esse padrão - um instinto que nos diz para nos rebelarmos contra o comando. Essa é uma das maneiras pelas quais o sistema da lei faz com que o pecado seja abundante. Ele provoca a rebelião dentro de nós.

O lugar da lei na vida cristã é importante. Precisamos ser confrontados com a Lei e como ela faz com que o pecado abunde em nós antes de podermos entender e receber a graça abundante de Deus. Se não percebermos que estamos totalmente perdidos no pecado sem Jesus, teremos pouca apreciação da grande salvação que Ele nos traz por meio de Seu favor imerecido.

A graça só pode ser recebida e apreciada por aqueles que entendem que Deus não lhes deve nada além da ira. Enquanto não estivermos convencidos de nossa necessidade de libertação do poder do pecado, nos recusaremos a confiar completamente na graça de Deus para obter força na batalha. Infelizmente, muitas pessoas - até mesmo cristãos - não têm muita consciência do pecado. Hoje em dia, quando um pregador prega contra o pecado, é provável que concordem com ele e receba muitos sonoros améns. Nas gerações passadas, o mesmo pregador provavelmente ouviria o choro daqueles que sofriam profundamente com sua própria pecaminosidade e necessidade de Cristo. No mundo moderno, acredita-se que o pecado é problema dos outros, pois nós mesmos, só cometemos pequenos erros.

Felizmente, você não precisa mergulhar em uma vida de pecado desenfreado para perceber que o pecado é abundante em sua vida. Quer você sinta isso ou não, sem Cristo Jesus, você já está bastante mal agora. O Espírito Santo pode efetivamente revelar seu pecado; parte do ministério Dele é *"convencer o mundo do pecado, da justiça e do juízo"* (João 16:8).

Assim como o ministério direto do Espírito Santo, a Lei é tremendamente eficaz em nos mostrar o padrão de justiça de Deus e o quanto estamos aquém dele. A Lei dá as más notícias, mas a boa notícia é que a graça de Deus supera em muito o pecado do homem. Onde quer que o pecado abunde, a graça de Deus pode abundar muito mais (Romanos 5:20). A descrição que Paulo faz dessa graça no original grego de Romanos 5:20 é especialmente impressionante - ela essencialmente diz que a graça de Deus é "graça super aumentada" ou "graça em excesso."[52]

Nunca acreditaríamos a menos que isso fosse declarado claramente na Palavra de Deus. Quando pecamos, a resposta de Deus é nos receber com graça, ou seja, com Seu favor imerecido. Por toda lógica, o julgamento ou a ira de Deus deveria ser abundante em resposta ao nosso pecado. Por que Ele escolhe responder ao nosso pecado com Sua graça? Será que Ele decidiu ignorar Seu julgamento justo ou fazer vista grossa para o nosso pecado? De forma alguma. Ele reagiu ao nosso pecado com julgamento e ira, mas a gloriosa verdade do evangelho é que Deus já derramou essa ira e esse julgamento sobre Jesus no Calvário, e não sobre aquele que crê. Portanto, quando Deus responde ao pecado com a graça, Ele não está negligenciando Sua justiça ou retidão. A graça pode operar com justiça porque funciona tendo em vista a penalidade que Cristo pagou na cruz. A graça não é Deus sendo "bonzinho" conosco, e não é Deus simplesmente nos deixando em paz. Em vez disso, Jesus foi pregado na cruz por nós e suportou a ira que merecíamos. O Calvário é um testemunho permanente do fato de que a graça não nega a justa exigência de Deus.

Não é apenas surpreendente que Deus responda ao nosso pecado com a graça, mas também é incrível que Sua graça seja *mais* abundante do que o nosso pecado. Deus tem mais graça do que o seu pecado (ou o pecado do mundo inteiro). Não há absolutamente nenhum problema com o suprimento da graça de Deus. Ela está sempre disponível para nós, e em uma medida que supera em muito o nosso pecado.

Ninguém será condenado porque seu pecado está além da graça de Deus, mas somente porque recusa a oferta de salvação cheia da graça de Deus em Jesus Cristo. Ninguém será desqualificado por causa do excesso de pecado, mas sim por causa da incredulidade no evangelho da graça de Deus. Em última análise, não é o pecado em si que nos afasta de Deus, porque a graça de Deus responde plenamente ao problema do pecado do homem em vista da cruz. Entretanto, o amor ao pecado impede que homens e mulheres acreditem e recebam as boas novas da salvação. A graça de Deus nunca pode se *esgotar*, mas pode ser *rejeitada*.

A resposta da graça de Deus ao meu problema de pecado significa que a oferta de purificação que Ele faz está disponível para mim agora mesmo. Não é necessário um período de experiência porque a graça é recebida pela fé e não pelo desempenho. Se eu me achegar a Deus confiando em Jesus e em Sua obra na cruz, não preciso me preocupar com o fato de que talvez eu não seja bom o suficiente para receber Seu perdão. Deus não tem uma atitude de "esperar para ver" em relação a mim. Como estou confiando em Cristo e Ele está lidando comigo pela graça, a questão do meu pecado já foi respondida pela provisão de Sua graça.

Pelo fato de Deus ter escolhido responder ao nosso pecado com uma graça que supera o pecado, podemos ver que a graça é a arma de Deus nessa batalha. Quando Deus se propôs a matar a grande fera do pecado, Ele usou o sistema da lei para prender a fera, mas usou o sistema da graça para matá-la. Agostinho estava certo quando disse: "A lei detecta, mas somente a graça vence o pecado."[53] Mas aqui está a questão que gera controvérsia: Há muitos que dizem que a graça é uma arma ineficaz contra o pecado. Eles lhe dirão que, em vez de vencer o pecado, a graça na verdade incentiva o pecado porque ensina que Deus nos aceita com base em um princípio que não leva em conta nosso desempenho. Isso é verdade? O sistema da graça tem uma falha fatal que garante seu abuso? Encontraremos o pecado ativo onde a graça governa?

O Reino da Graça

Paulo previu exatamente essa linha de questionamento quando escreveu aos romanos no capítulo 5. Lá, ele ensina sobre as características de dois reinos - o reino do princípio da lei e o reino do princípio da graça. O reino da lei é caracterizado pelo pecado (a lei fez com que o pecado abundasse) e pela morte (porque o pecado resulta em morte). Também entendemos que, sob o reino da lei, o pecado e a morte têm um domínio forte e garantido. A certeza da morte é dolorosamente demonstrada em cada cemitério e em cada lápide. Sua força é ilustrada pelo fracasso contínuo do sistema da lei em restringir o pecado na história de Israel. Desde a idolatria com o bezerro de ouro no Monte Sinai até os pecados de casamentos mistos nos dias de Neemias, o registro bíblico da história de Israel mostra que o domínio do pecado era poderoso sob o sistema da lei.

Se o reino da lei tem características distintas, o mesmo acontece com o reino da graça. Paulo nos diz claramente que a característica central do reino da graça é a justiça. A graça reina por meio da justiça; onde quer que a graça esteja governando, o padrão justo de Deus será respeitado. O medo do legalista é que o reino da graça proporcione aos corações perversos uma licença para pecar, mas esse medo não é registrado nas Escrituras. A graça não se acomoda ao pecado; a graça o enfrenta diretamente e se coloca acima do pecado para vencê-lo. A graça não ignora a injustiça; ela confronta o pecado com a expiação na cruz e a vitória conquistada no túmulo aberto. A graça não é amiga do pecado; ela é a inimiga declarada do pecado. Thomas Brooks disse:

> "Fogo e água podem se misturar no mesmo recipiente, assim como graça e pecado podem coexistir no mesmo coração."[54]

Dietrich Bonhoeffer era um homem que entendia que a vida cristã é um chamado para o discipulado real, não apenas um sistema de crenças intelectuais. Ele ensinou que a pessoa que realmente acredita em um Deus justo também deve ter um desejo de retidão e santidade pessoal. Bonhoeffer cunhou a expressão "graça barata",[55] que descreve o tipo de vida que o cristão superficial leva.

Há muitas coisas que admiro em Bonhoeffer, mas não gosto muito dessa frase, "graça barata". Concordo com seu conceito e princípio, mas *não existe* graça barata. Usar essa frase é como dizer "fogo frio" ou "preto branco". De fato, a graça barata não existe. Qualquer graça que não desenvolva um desejo e um crescimento em direção à justiça no coração do crente não é graça alguma; é uma pseudo-graça. É uma graça mentirosa e falsificada. Charles Spurgeon, o grande pregador inglês, afirmou isso da seguinte forma:

> "Se você tem um tipo de graça que não o leva a manter-se casto e não torna seu comportamento decente; se você tem um tipo de graça que o permite enganar e mentir, que o autoriza a tirar vantagem injusta no comércio, afaste-se de tal graça; é a graça do diabo, e não a graça de Deus, que você seja preservado dela."[56]

Ou, em outras palavras, a graça que não muda meu comportamento não mudará meu destino.

O cristão que vive pela graça não é sem pecado. Conquanto a justiça reine em sua vida, ainda não é um reinado absoluto. O pecado ainda deve ser combatido, mas a diferença é que o cristão cheio da graça está disposto a guerrear contra o pecado e levar essa batalha até sua resolução final. O pecado machucará aquele cujo coração está cheio da graça. Os cristãos não fizeram um tratado de paz com a iniquidade, estão dispostos a lutar até que Deus dê um fim à guerra.

Assim como o sistema da lei foi marcado pelo pecado e pela morte, o reino da graça é marcado pela justiça e pela vida eterna. Paulo nos diz: *"assim como o pecado reinou na morte, também a graça reine pela justiça para conceder vida eterna"* (Romanos 5:21). A graça responde ao pecado da Lei com justiça e responde à morte trazida pela Lei proporcionando a vida eterna. Vimos que o reinado da lei, acompanhado pelo pecado e pela morte, era um reinado forte e seguro. Mas o reino da graça é mais forte e mais seguro porque é por meio de Jesus Cristo. O próprio Jesus administra o reino da graça, portanto, podemos ter plena certeza de que seus resultados são certos.

Paulo nos mostra que onde o sistema da graça estiver no comando, haverá justiça. Deus tornou o sistema da graça seguro; ele não será um sistema marcado pelo pecado e pelo desrespeito ao Seu santo padrão. Mas como isso funciona? O que Deus fez para tornar o sistema da graça seguro?

Paulo enfrentou essa questão de frente no capítulo 6 de Romanos. Mas antes que possamos entender completamente a resposta, precisamos ter uma visão precisa do problema. Não há nada de perigoso na graça; ela é muito segura, mas nós não somos. O problema não está em tornar a graça segura para nós. O que poderia ser perigoso no favor imerecido de Deus? O problema está em nos tornar seguros para a graça. Nós é que colocamos a graça em risco. Somos nós que precisamos ser mudados, não o princípio da graça de Deus. Então, o que exatamente Deus faz no crente para torná-lo seguro para a graça?

Tornando-nos Seguros para a Graça

> *Que diremos então? Continuaremos pecando para que a graça aumente? De maneira nenhuma! Nós, os que morremos para o pecado, como podemos continuar vivendo nele? Ou vocês não sabem que todos nós, que fomos batizados em Cristo Jesus, fomos batizados em sua morte? Portanto, fomos sepultados com ele na morte por meio do batismo, a fim de que, assim como Cristo foi ressuscitado dos mortos mediante a glória do Pai, também nós vivamos uma vida nova.* (Romanos 6:1-4)

Paulo previa o argumento de que a graça daria às pessoas a permissão para pecar sem medo da penalidade. Ele imaginou que essas pessoas pensariam: *"Bem, se a graça abunda quando o pecado abunda, e se eu quiser conhecer a graça de Deus em sua plenitude, posso muito bem sair e viver uma vida de pecado para que eu possa receber muita graça"*. Como Paulo respondeu a esse raciocínio? Basicamente, ele lhes disse: "De modo algum! Não foi assim que Deus organizou a operação da graça".

Ele então explicou que a primeira coisa que Deus faz para tornar o crente seguro para a graça é fazer com que a pessoa que crê em Jesus Cristo morra espiritualmente com Ele e depois ressuscite com Ele. Esse ponto merece uma análise cuidadosa. Paulo está dizendo que Deus faz uma mudança genuína na vida daquele que crê em Cristo. Essa mudança ocorre no reino do espírito, mas não é menos real do que se ocorresse no mundo material. Assim, no reino espiritual, quando Jesus morreu, o crente morreu com Ele. E quando Jesus ressuscitou dos mortos, o crente ressuscitou com Ele.

Anteriormente, no capítulo 5, Paulo nos disse que quando Adão pecou, todo ser humano pecou nele (Romanos 5:19). Isso é o que faz de cada pessoa um pecador, porque todos nós pecamos em Adão. Da mesma forma que participamos quando Adão pecou (e confirmamos essa participação por meio de nossos atos individuais de rebelião), todos os crentes também participaram da morte, do sepultamento e da ressurreição de Cristo. Se essa verdade parecer vaga e irreal, observe que Deus nos dá uma demonstração física dela - o batismo na água. O batismo ilustra a morte, o sepultamento e a ressurreição que são nossos ao sermos identificados em Jesus. Assim como uma pessoa é colocada debaixo d'água e levantada dela no batismo, aquele que crê em Cristo foi *colocado* com Ele em Sua morte e *ressuscitado* para uma nova vida como Jesus foi.

Essa incrível verdade tem aplicações de longo alcance. A aplicação que Paulo enfatizou para mostrar como fomos salvos pela graça é a seguinte: Se morremos para o pecado com Cristo, então nosso relacionamento com o pecado foi quebrado. Aqueles que morreram não são mais escravos sujeitos ao pecado. Eles foram além, passaram a ter um relacionamento diferente com o pecado. Os mortos não precisam mais lutar contra a tentação. Um evento importante mudou tudo a seu respeito, inclusive sua antiga relação com o pecado.

O que foi que morreu para o pecado quando Jesus morreu? Paulo nos diz no versículo Romanos 6:6: *"Pois sabemos que o nosso velho homem foi crucificado com ele, para que o corpo do pecado seja destruído, e não mais sejamos escravos do pecado."* O velho homem é o eu que segue o padrão de Adão - aquela parte de nós que está profundamente arraigada com o desejo de se rebelar contra Deus e Sua ordem. O sistema da lei é incapaz de lidar com o velho homem dentro de nós, pois só pode nos mostrar o padrão justo de Deus. A Lei tenta reformar o velho homem, fazendo com que ele mude para melhor. Entretanto, o sistema da graça reconhece que o velho homem não pode ser reformado. Ele deve ser morto e, para o crente, o velho homem morre com Jesus.

Se o velho homem está morto, por que os crentes ainda lutam com o desejo de pecar e se rebelar contra Deus e Seus mandamentos? Tudo isso não morreu com Jesus na cruz? Quando nós, que nascemos de novo, examinamos nossa própria vida, fica evidente que temos duas naturezas; todos nós experimentamos a sensação de que há dois "eus" dentro de nós. Isso pode ser ilustrado com provérbios populares sobre cães brancos e cães pretos que lutam no interior do homem, ou com a imagem de um anjo em um ombro e um demônio no outro, cada um tentando nos levar para o seu lado. Seja qual for a imagem que tenhamos, essa batalha interna é conhecida por todos que tentam viver a vida cristã. Mas de onde vem essa luta entre os dois "eus"?

Os Dois "Eus"

Para entender isso, precisamos primeiro lembrar o que acontece no homem interior quando alguém nasce de novo. Primeiro, sabemos que, quando nascemos de novo, o velho homem morre com Cristo. Não há dúvida quanto a isso; o velho homem, o eu herdado de Adão, a parte de nós que é instintivamente rebelde a Deus, morre quando somos convertidos. Assim como é certo que Jesus estava morto quando foi colocado no túmulo, também é certo que o velho homem está morto dentro de cada um que é convertido pelo Espírito de Deus. À luz disso, podemos ver por que a Bíblia nunca enfatiza a necessidade de *matar* o velho homem; em vez disso, é-nos dito para considerar o velho homem morto. O velho homem está morto, e devemos, pela fé, simplesmente *considerá-lo* assim.

A gloriosa verdade do que acontece no crente na conversão não termina com a morte do velho homem - ela continua com a verdade de que um novo homem nasce em cada crente, segundo o modelo de Jesus. Paulo está tão certo disso quanto está da morte do velho homem:

> *Portanto, fomos sepultados com ele na morte por meio do batismo, a fim de que, assim como Cristo foi ressuscitado dos mortos mediante a glória do Pai, também nós vivamos uma vida nova. Se dessa forma fomos unidos a ele na semelhança da sua morte, certamente o seremos também na semelhança da sua ressurreição.* (Romanos 6:4-5)

Quando somos convertidos, uma nova natureza nos é transmitida, uma natureza que contrasta fortemente com o velho homem. O velho homem se rebelava contra Deus por instinto, mas a inclinação natural do novo homem é amar e obedecer a Deus. Em duas de suas cartas, Paulo definiu cuidadosamente o caráter do *"novo homem, criado para ser semelhante a Deus em justiça e em santidade"* (Efésios 4:24) e *"e se revestiram do novo (homem), o qual está sendo renovado em conhecimento, à imagem do seu Criador."* (Colossenses 3:10).

O novo homem traz o selo e a marca de Jesus Cristo, enquanto o velho homem (que está morto e se foi) trazia a marca do Adão rebelde. Como o novo homem foi criado dentro de nós, à imagem de Deus, tornamo-nos *"participantes da natureza divina"* (2 Pedro 1:4).

É importante lembrar que morrer com Jesus é apenas parte do processo. Certamente morremos com Ele, mas isso foi para nos preparar para a obra maior que é ressuscitar com Ele. Como diz 2 Timóteo 2:11: *"Esta palavra é digna de confiança: Se morremos com ele, com ele também viveremos."* A vida é a meta, e a morte do velho homem é apenas parte do processo. A vida cristã envolve tomar a cruz e morrer com Cristo, mas essas coisas não são o objetivo, são apenas o caminho para a vida de ressurreição. Muitos cristãos experimentam a primeira parte da equação, mas perdem a alegria da vida com o Cristo ressuscitado. Jesus nunca planejou essa experiência incompleta para o crente!

Agora sabemos duas coisas: que o velho homem, modelado segundo Adão, está morto, e que o novo homem, modelado segundo Jesus Cristo, está dentro de nós. Mas também sabemos que há uma luta dentro de nós entre dois "eus" que parecem se contradizer. Se o velho homem está realmente morto e o novo homem está realmente vivo, por que existe essa batalha interna?

Isso introduz o tópico da carne, que é diferente do velho homem e do novo homem. A carne tem muitos aspectos, incluindo desejos e hábitos físicos. Nossa carne responde à influência exercida pelo homem interior, seja ele a velha ou a nova natureza. Embora a carne seja moralmente neutra, ela está sob a influência destrutiva do velho homem em cada um de nós. O velho homem grava sua marca em nossa carne, em nossa personalidade e em nossos hábitos. Essa marca nos influencia por anos, antes de realmente confiarmos em Jesus, e esses anos deixaram suas marcas em nós. O velho homem treinou rigidamente a carne segundo a sua própria natureza. Apesar de que o velho homem esteja morto e tenha desaparecido da vida do crente, seu legado continua vivo por meio da carne, que está gravada com hábitos e padrões de comportamento que o velho homem considerava confortáveis.

É por isso que a carne é perigosa e luta contra o novo homem pelo domínio:

> *Por isso digo: vivam pelo Espírito, e de modo nenhum satisfarão os desejos da carne. Pois a carne deseja o que é contrário ao Espírito; e o Espírito, o que é contrário à carne. Eles estão em conflito um com o outro, de modo que vocês não fazem o que desejam.* (Gálatas 5:16-17)

A batalha entre os dois "eus" no crente não é entre o velho homem e o novo homem; é entre o novo homem e a carne, que foi treinada pelo velho homem. Como, então, podemos encontrar a vitória nessa batalha entre o novo homem e a carne? Primeiro, devemos lidar com a carne da mesma forma que Deus lidou com o velho homem. Paulo disse em Romanos 6 que o velho homem foi crucificado com Cristo, e ele também nos diz em Gálatas 5:24 que *"Os que pertencem a Cristo Jesus crucificaram a carne, com as suas paixões e os seus desejos"*.

O velho homem é cuidado pela obra soberana de Deus quando se crê em Jesus. Mas a tarefa de lidar com a carne é um trabalho do qual o crente é chamado por Deus para participar por meio de uma decisão da vontade. A chave para essa batalha é colocar a carne e seus desejos sob o poder da cruz e submetê-los ao novo homem, segundo o padrão de Cristo. Quando a carne não está sob a autoridade do cristão, ela pode nos influenciar da mesma forma que o velho homem, porque a carne carrega a marca do velho homem.

Há duas outras verdades importantes que devemos ter em mente ao considerarmos a luta entre o novo homem e a carne. Primeiro, devemos nos lembrar de que o *verdadeiro eu,* é o novo homem. Ainda que a carne possa exercer forte influência sobre nós e se disfarçar como o nosso verdadeiro eu, podemos nos apoiar firmemente na Palavra de Deus e dizer que não é assim. O verdadeiro eu, se deleita com a vontade de Deus e Seu amor, e nosso chamado é colocar o restante de nosso ser sob a influência do novo homem. Em certo sentido, não há duas naturezas no crente porque a natureza real é singular e modelada segundo Jesus. Mas em meio à luta entre a carne e o novo homem, parece que há duas naturezas dentro de nós e que cada uma é igualmente legítima. Essa pode ser a experiência de nossos sentimentos, mas sabemos pela fé que a única natureza legítima dentro de nós é a que foi criada segundo Deus em justiça e verdadeira santidade.

Em segundo lugar, devemos nos lembrar de que a luta entre o novo homem e a carne é difícil. A carne foi bem treinada pelo velho homem, e hábitos e padrões de pensamento profundamente arraigados não costumam mudar da noite para o dia. Quando nos comprometemos com a batalha de submeter a carne ao novo homem, não devemos nos enganar pensando que será uma luta rápida e fácil. Devemos nos dedicar à perseverança por meio de uma longa luta e não deixar que a perda de uma única batalha nos convença de que a guerra não pode ser vencida.

O Resultado de Tudo Isso

O resultado dessa luta é explicado em Romanos 6:14: *"Pois o pecado não os dominará, porque vocês não estão debaixo da lei, mas debaixo da graça."* Paulo descreve como o sistema da lei é ineficaz no combate ao pecado e, de fato, faz com que o pecado seja abundante. A Lei nos mantém sob o domínio do pecado, mas, sob a graça, encontramos a libertação do reinado opressivo da injustiça. Isso se deve ao fato de que, sob a graça, a natureza do pecado dentro de nós é morta, e somos colocados no caminho de uma nova vida com Jesus. Então, como é que nos tornamos preparados para a graça? Fomos salvos por esse incrível processo de morrer com Cristo e ressuscitar com Ele. A graça só é segura para aquele que foi libertado do domínio do pecado, e é isso que acontece quando uma pessoa nasce de novo do Espírito de Deus. Aquele que morreu com Cristo não viverá sob o domínio do pecado. É sobre isso que o apóstolo João estava falando quando escreveu:

Todo aquele que nele permanece não está no pecado. Todo aquele que está no pecado não o viu nem o conheceu. ... Todo aquele que é nascido de Deus não pratica o pecado, porque a semente de Deus permanece nele; ele não pode estar no pecado, porque é nascido de Deus. (1 João 3:6, 3:9)

Os crentes ainda lutam contra o pecado e passam por períodos de batalha intensa. Lembramos que a influência do velho homem permanece e se expressa por meio da carne; no entanto, a velha tirania do pecado foi quebrada definitivamente. Aqueles que nasceram de novo em Cristo não podem se sentir confortáveis em qualquer pecado habitual, pois são constantemente lembrados de que seu "habitat" agora é a justiça, não o pecado. Essa é a primeira e principal maneira pela qual Jesus nos torna preparados para a graça: Ele nos transforma de tal forma pela identificação com Sua morte e ressurreição que nossa inclinação não é mais para o pecado, mas para a justiça.

Capítulo Sete

Graça, Lei e Pecado (Parte 2)

E então? Vamos pecar porque não estamos debaixo da lei, mas debaixo da graça? De maneira nenhuma! (Romanos 6:15)

Um Novo Mestre

O que Paulo escreveu na primeira parte do capítulo 6 de Romanos pode ser uma boa ou má notícia para o cristão. A boa notícia é que ela responde a muitas perguntas para nós em termos teológicos. A má notícia é que isso pode levantar um problema maior para nós na vida prática. Toda essa conversa sobre Deus nos mudar e mudar nossos desejos parece distante para o cristão que está em uma intensa batalha contra a tentação e o pecado. Como o sistema da graça ajuda nessa luta diária contra a impiedade?

Essa é a questão que Paulo abordou na segunda parte do capítulo 6 de sua carta aos Romanos. Sentindo que havia lidado adequadamente com a questão do pecado habitual (dizendo-nos que ele é totalmente incompatível com aquele que morreu e ressuscitou com Jesus), ele então volta sua atenção para a questão do pecado ocasional, ou o pecado do dia a dia. Em suma, ele pergunta: *"Devemos pecar* (ocasionalmente) *porque não estamos sob a lei, mas sob a graça?"* O apóstolo antecipa a conversa com alguém que pensa que, sob o sistema da graça, não importa se pecamos um pouco aqui e ali. Agora Paulo nos mostra que esse tipo de pensamento se opõe à obra da graça de Deus em nossas vidas:

> *Não sabem que, quando vocês se oferecem a alguém para lhe obedecer como escravos, tornam-se escravos daquele a quem obedecem: escravos do pecado que leva à morte, ou da obediência que leva à justiça? Mas, graças a Deus, porque, embora vocês tenham sido escravos do pecado, passaram a obedecer de coração à forma de ensino que lhes foi transmitida. Vocês foram libertados do pecado e tornaram-se escravos da justiça.* (Romanos 6:16-18)

Paulo explica aqui que os crentes passaram por uma mudança dramática no senhorio. De fato, Deus mudou o nosso senhor. Não somos mais escravos do pecado; em vez disso, agora somos escravos da justiça. Uma das melhores descrições do que significava ser um escravo nos tempos do Novo Testamento foi escrita pelo estudioso grego Kenneth Wuest em seu comentário sobre Romanos 6.

Conquanto o conceito antigo de escravidão esteja muito distante do nosso mundo moderno, nos dias de Paulo a escravidão era uma situação cotidiana. Como havia vários tipos diferentes de escravidão, a palavra que Paulo usa para descrever nossa escravidão tanto ao pecado quanto à justiça é muito específica. De acordo com Wuest, essa palavra grega antiga em particular indica "alguém nascido em uma condição de escravidão; alguém cuja vontade é subjugada pela vontade de outro; que está ligado ao mestre com limites que somente a morte pode romper; alguém que serve ao seu mestre sem levar em conta seus próprios interesses".[57]

Considere isso ponto a ponto. De acordo com o termo usado por Paulo, essas quatro coisas marcam o tipo de escravidão descrito em Romanos 6.

- **Uma pessoa nascida em condição de escravidão.**

- **Aquele cuja vontade é engolida pela vontade de seu senhor.**

- **Uma pessoa ligada ao seu senhor com um vínculo que só a morte pode quebrar.**

- **Aquele que serve ao seu senhor sem levar em conta seus próprios interesses.**

Essas coisas são verdadeiras em relação à nossa escravidão ao pecado. Nascemos nessa escravidão (como descendentes de Adão), e nossa vontade é engolida pelo desejo de pecar. O pecado é natural para nós. Também é nossa prática servir ao pecado sem levar em conta nosso próprio interesse. Nossa escravidão ao pecado é permanente e só pode ser quebrada pela morte (a morte do velho homem).

No filme de 1960, *Spartacus*, Kirk Douglas interpretou o escravo fugitivo chamado Spartacus, que liderou uma breve, porém generalizada, rebelião de escravos na Roma antiga. Em um determinado momento do filme, Spartacus disse: "A morte é a única liberdade que um escravo conhece. É por isso que ele não tem medo dela".[58]

Da mesma forma, a única maneira de sermos libertados da escravidão do pecado é pela morte - não a morte de todo o nosso ser ou pessoa, mas a morte do velho homem, mencionada no capítulo 6. Uma vez mortos para o pecado, podemos então andar em novidade de vida, uma vida que não é mais dominada pela injustiça e sua escravidão.

As quatro características da escravidão mencionadas acima, que antes marcavam a escravidão do cristão ao pecado, devem agora marcar nossa atual escravidão à justiça. *Nascemos* para esse serviço à justiça - é disso que se trata o novo nascimento - e nossa vontade e nossos desejos devem ser engolidos pelos desejos de nosso novo Mestre. Serviremos a Deus para sempre, porque nossa nova escravidão só pode ser quebrada pela morte, e temos a vida eterna em Jesus. Em nosso serviço de justiça, somos chamados a deixar de lado nossos próprios interesses e desejos. Essas quatro coisas costumavam ser verdadeiras sobre a maneira como servíamos ao pecado, mas agora elas devem marcar a maneira como servimos à justiça.

Falar sobre uma mudança de mestre é teoricamente incrível, mas há maneiras de colocar isso na prática. Fomos *genuína e oficialmente* libertados da escravidão do pecado que tínhamos antes, mas há maneiras de derrotar essa obra escravizando a nós mesmos.

No século XIV, dois irmãos lutaram pelo direito de governar um ducado no que hoje é a Bélgica. O nome do irmão mais velho era Raynald, mas ele era comumente chamado de "Crassus", um apelido latino que significa "o gordo", pois ele era terrivelmente obeso. Após uma batalha intensa, o irmão mais novo de Raynald, Edward, liderou uma revolta bem-sucedida contra ele e assumiu o título de duque de suas terras. Mas, em vez de matar Raynald, Edward planejou uma prisão curiosa. Ele mandou construir um cômodo no castelo ao redor de Raynald, um cômodo com apenas uma porta. A porta não estava trancada, as janelas não estavam gradeadas, e Edward prometeu a Raynald que ele poderia recuperar suas terras e seu título a qualquer momento que quisesse. Tudo o que ele precisava fazer era sair do quarto onde estava preso. O obstáculo à liberdade não estava nas portas ou janelas, mas no próprio Raynald. Por estar muito acima do peso, ele não cabia na porta, ainda que ela tivesse um tamanho próximo do normal. Tudo o que Raynald precisava fazer era emagrecer para um tamanho menor e então sair como um homem livre, com todos os benefícios que ele tinha antes de sua queda. No entanto, seu irmão mais novo o continuava enviando uma variedade de comidas deliciosas, e o desejo de Raynald de ser livre nunca venceu seu desejo de comer. Alguns acusaram o Duque Edward de ser cruel com seu irmão mais velho, mas ele simplesmente respondeu: "Meu irmão não é um prisioneiro. Ele pode sair quando quiser". Raynald permaneceu naquele quarto por dez anos, até que o próprio Edward foi morto em uma batalha.[59]

Infelizmente, essa história descreve exatamente a experiência de muitos cristãos. Jesus os libertou para sempre, e eles podem andar livres do pecado sempre que quiserem. Mas, como continuam cedendo seus apetites carnais e ao pecado, vivem uma vida de derrota, desânimo e prisão.

Devido à incredulidade, à autossuficiência ou à ignorância, lamentavelmente muitos cristãos nunca vivem na liberdade pela qual Cristo pagou na cruz. D. L. Moody costumava falar de uma mulher negra idosa no Sul, após a Guerra Civil. Como ex-escrava, ela estava confusa sobre seu status e perguntou:

> Agora sou livre ou não? Quando falo com meu antigo senhor, ele diz que não sou livre, e quando falo com meu próprio povo, eles dizem que sou, e não sei se sou livre ou não. Algumas pessoas me disseram que Abraham Lincoln assinou uma proclamação, mas o senhor diz que ele não assinou; que ele não tinha o direito de fazê-lo.[60]

Espiritualmente, é nessa situação que muitos cristãos se encontram. Eles são, e foram, legalmente libertados da escravidão do pecado, mas não têm certeza dessa verdade. E, é claro, nosso velho mestre está sempre tentando nos convencer de que não estamos realmente livres de seu domínio. Em vez de dar ouvidos ao nosso velho mestre, devemos fazer tudo o que pudermos para andar na liberdade para a qual Cristo nos libertou (Gálatas 5:1).

Como podemos nos manter livres da escravidão, agora que Jesus nos libertou? Paulo nos mostra como fazer isso em Romanos 6:19:

> *Falo isso em termos humanos por causa das suas limitações humanas. Assim como vocês ofereceram os membros dos seus corpos em escravidão à impureza e à maldade que leva à maldade, ofereçam-nos agora em escravidão à justiça que leva à santidade.*

Quando estávamos sob o domínio do pecado, entregamos as partes de nosso corpo ao pecado. Nossos *olhos* nos levavam à luxúria, nossa *língua* falava fofocas e mentiras, e nossas *mãos* cometiam roubo e violência. Paulo nos diz que o segredo para vivermos livres é apresentar nosso corpo a serviço do nosso novo mestre.

Há uma imagem poderosa disso no Antigo Testamento. Quando Arão e seus filhos foram consagrados como sacerdotes de Deus (Levítico 3), parte da cerimônia envolvia a aplicação do sangue do sacrifício em seus corpos. O sangue de um carneiro era colocado em sua orelha direita, porque agora eles deveriam usar essas orelhas para ouvir a Deus. O sangue também era esfregado em sua mão direita e em seu pé direito, porque essas partes agora deveriam ser reservadas para o serviço de Deus. Mesmo assim, devemos considerar que, como nossos corpos foram comprados com o preço do sacrifício de Jesus, Seu sangue está em nossas orelhas, mãos e pés para que possam ser reservados para Seu serviço. Quando vivermos como se nosso corpo pertencesse a Jesus, encontraremos uma vitória mais consistente sobre o pecado diário.

Jesus libertou do pecado, mas devemos escolher continuamente servir a Deus com cada aspecto de nosso ser. Devemos tomar a decisão diária de nos considerarmos separados para Ele em corpo, alma e espírito. Fazer uma escolha é importante porque, quando estamos indecisos, é muito mais fácil voltar ao pecado pela força do hábito.

Em Romanos 6:19, Paulo nos mostra outro princípio que é importante em nossa batalha para servir ao nosso novo mestre: a iniquidade leva a mais iniquidade, e a justiça leva a mais justiça. A batalha para rejeitar o pecado e servir à justiça baseia-se, em parte, no princípio do impulso, ou o efeito bola de neve. Você já viu as cenas de desenhos animados em que uma pequena bola de neve começa a rolar morro abaixo. À medida que desce a encosta, ela ganha tamanho e velocidade. Tendo começado em uma determinada direção, ela continua acelerando nessa direção, prosseguindo com mais força e poder.

O mesmo princípio de impulso é aplicado na batalha contra o pecado. É difícil quebrar os hábitos de fracasso e concessões porque a iniquidade leva a mais iniquidade. No entanto, quando estabelecemos um padrão de vitória, o impulso obtido pode nos ajudar a manter a vitória, porque a justiça leva a mais justiça. À medida que crescemos em retidão, há o perigo de nos tornarmos autoconfiantes e começarmos a nos vangloriar de nossa boa posição, e é aí que estamos prontos para a queda. No entanto, é importante lembrar que os hábitos e padrões de vida que estabelecemos e reforçamos hoje terão influência em nosso comportamento futuro.

Paulo encerra o capítulo 6 de forma dramática:

> *Mas agora que vocês foram libertados do pecado e se tornaram escravos de Deus, o fruto que colhem leva à santidade, e o seu fim é a vida eterna. Pois o salário do pecado é a morte, mas o dom gratuito de Deus é a vida eterna em Cristo Jesus, nosso Senhor.* (Romanos 6:22-23)

Isso parece bom demais para ser verdade. Fomos libertados do pecado! Paulo declara enfaticamente, no tempo passado, que fomos libertados dessa terrível escravidão. Isso significa que nunca mais teremos de viver sob a escravidão do pecado! Isso pode ser verdade? O pecado parece tão inevitável. Sinto a luta dentro de mim todos os dias. Conheço outras pessoas que se enganaram com orgulho, pensando que alcançaram algum nível de perfeição sem pecado. Mas sei que, ao confiar em Deus, posso resistir à próxima tentação. O apóstolo João advertiu: *"Se dissermos que não temos pecado, enganamo-nos a nós mesmos, e a verdade não está em nós"* (1 João 1:8). Na prática, é inatingível viver o resto de meus dias sem pecar porque a Bíblia nos diz que a perfeição genuína deve esperar até que a carne seja completamente transformada pela ressurreição (1 João 3:2). No entanto, sei que, ao confiar em Jesus Cristo e ao andar em Sua graça, a próxima tentação pode ser vencida, e é com ela que devo me preocupar.

Também sei que, quando peco, não é porque Deus criou um sistema no qual *devo* pecar. Em vez disso, é porque deixei de confiar em Jesus e de submeter meus membros ao Seu serviço.

Por fim, vemos que, quando o pecado é nosso mestre, o pagamento é a morte. Muitos pecadores parecem servir ao pecado diligentemente a fim de receber seu salário. Mas quando Deus é o nosso mestre, nós O servimos sem remuneração. Lembre-se de que tudo o que é dado pela graça é dado gratuitamente e nunca como pagamento pelo que fazemos. Não merecemos a dádiva da vida eterna em Jesus Cristo, mas aqueles que não estão em Cristo realmente *ganham* o salário da morte. A dádiva da vida eterna (não merecida, mas concedida gratuitamente) é prometida àqueles que escolhem servir a Deus em Cristo Jesus. Ao mudarmos nosso mestre, também mudamos nossa escala de pagamento. Satanás tem muitos trabalhadores contratados; Deus só tem servos comprometidos e dispostos. Eles serão ricamente recompensados, mas em um princípio diferente do que merecem ou conquistaram.

Existem Exceções?

Paulo nos fala sobre a mudança radical que ocorre em nossa vida quando cremos em Jesus. Ele fala de como Deus usa essa mudança para nos tornar preparados para a graça e, em seguida, como Ele muda nosso mestre para que o caminho para a libertação da servidão habitual do pecado esteja disponível para nós.

Mas o que dizer de um cristão que não mostra nenhuma evidência de que sua antiga vida está morta e sua nova vida está em Cristo? Ou o crente sem desejo de parar de servir ao pecado e começar a servir a Jesus? Essas pessoas não estão abusando do favor imerecido de Deus - as mesmas que tememos que tragam descrédito ao Seu sistema de graça? Devemos considerar seriamente essas questões à luz da evidência bíblica e perguntar: "Essas pessoas podem realmente ser cristãs?" Talvez isso seja evidência de uma conversão fingida. Esses abusadores da graça nunca experimentaram verdadeiramente a graça de Deus para a salvação. Redpath explica:

> Uma vida impura é apenas a evidência de um coração sem mudanças, e um coração sem mudanças é a evidência de uma alma não salva. Que valor há no tipo de graça que não nos torna diferentes do que éramos antes? Nenhum.[61]

Nem todo mundo que vai à igreja ou usa o título de "cristão" experimentou genuinamente a graça transformadora de Deus. Jesus nos disse que até mesmo a comunidade do reino, vista de fora, é composta de *trigo e joio* (Mateus 13:24-30, 13:36-43). Ele disse que a rede do reino capturaria tanto os peixes bons quanto os ruins (Mateus 13:47-50). Ambas as parábolas ilustram que, pelo menos externamente, nem todos os que afirmam pertencer à comunidade da graça receberam de fato essa graça. É tarefa de Deus separar o trigo do joio, separar os peixes bons dos ruins. No entanto, não devemos nos surpreender com o fato de que surgirão alguns que afirmam ter recebido a graça de Deus, mas vivem uma vida vazia da graça e de sua obra.

É sempre perigoso julgar o estado eterno de outra pessoa com base em nosso ponto de vista terreno. Ainda assim, devemos dizer que aqueles que receberam a graça de Deus demonstrarão mudanças por causa dessa graça. As mudanças podem não ser especialmente dramáticas e podem não ser instantâneas, mas, mesmo assim, serão reais. Talvez o maior perigo esteja na tendência de assegurar às pessoas uma salvação que elas não experimentaram genuinamente.

A evidência da graça recebida é um coração transformado, e esse coração transformado nos torna preparados para a graça de Deus. O processo de conversão transforma o habitat de nosso coração, do pecado para a retidão, e muda nosso mestre de modo que um caminho é fornecido para a vitória até mesmo sobre o pecado ocasional. Ao longo dos séculos, os cristãos têm reconhecido esse aspecto essencial da doutrina. Nos 42 artigos originais da Igreja da Inglaterra, o 10º artigo declara essa verdade de forma linda e poética:

> *Da graça.* A graça de Cristo, ou o Espírito Santo dado por Ele, remove o coração de pedra e nos dá um coração de carne.[62]

Aquele que recebe a graça não pode permanecer inalterado. Se houver um "coração de pedra" que ama o pecado e não mostra nenhuma evidência de uma nova vida, então ainda não houve uma conversão genuína nesse indivíduo. Como Charles Spurgeon pregou certa vez:

> Sempre que o perdão do pecado chega, vem com ele um afastamento do pecado, um abandono

do pecado, uma nova visão do pecado, uma avaliação diferente dele; e o coração, que antes buscava seu próprio prazer, agora busca o prazer de Deus.... A mudança de coração acompanha o perdão do pecado; e onde quer que essa mudança de coração ocorra, surge na alma renovada um profundo senso de gratidão a Deus.[63]

Nunca devemos nos esquecer de que a graça faz mais do que iniciar a vida cristã - ela também nos guia para a maturidade e a obediência. A graça nos salva, mas também nos ensina a viver. Paulo escreveu a Tito:

Porque a graça de Deus se manifestou salvadora a todos os homens. Ela nos ensina a renunciar à impiedade e às paixões mundanas e a viver de maneira sensata, justa e piedosa nesta era presente, enquanto aguardamos a bendita esperança: a gloriosa manifestação de nosso grande Deus e Salvador, Jesus Cristo. (Tito 2:11-13)

Aquele que recebe a salvação que a graça oferece também estará disposto a receber a instrução que a graça traz. As lições que a graça ensina sobre a vida justa duram a vida inteira, e a marca distintiva do crente é uma disposição intensa para aprender essas lições. Se alguém se recusa a receber essa instrução, pode essa pessoa realmente pertencer a Jesus? Será que esse indivíduo realmente recebeu a salvação que a graça proporciona? Não pode ser assim.

A Graça Reina

Paulo faz muitas afirmações impactantes nos capítulos 5 e 6 de sua carta aos Romanos. Vimos que nosso pecado não pode exceder a graça de Deus. Aprendemos que o reinado do princípio da graça é marcado pela retidão e não é uma licença para pecar. Chegamos ao entendimento de que Deus muda os crentes de duas maneiras para torná-los preparados para a graça. Primeiro, Ele faz com que aqueles que creem em Cristo morram espiritualmente com Ele e sejam ressuscitados para uma nova vida com Ele. Em segundo lugar, Ele nos tira da escravidão do pecado e nos leva a nos tornarmos escravos da justiça.

No clássico de John Bunyan, *O Peregrino*, meu personagem favorito era o Sr. Honesto - um viajante ao longo do caminho que viu muitos outros peregrinos. Alguns deles partiram com coragem e firmeza, mas acabaram voltando atrás. Outros tropeçaram no início, mas depois terminaram em grande estilo. Alguns começaram cheios de fé, mas terminaram em dúvida. E outros chegaram a uma certeza maior ao trilharem o caminho de um peregrino. O Sr. Honesto sabia muito sobre essa peregrinação que chamamos de cristianismo e resumiu todo o seu conhecimento em suas últimas palavras:

> O Sr. Honesto chamou seus amigos e disse-lhes: "Eu morro, mas não farei testamento. Quanto à minha honestidade, ela irá comigo." ... Quando chegou o dia de sua partida, ele se preparou para atravessar o rio. Naquela época, o rio transbordava em alguns lugares, mas o Sr. Honesto, em sua vida, havia dito a um homem chamado Boa Consciência para encontrá-lo lá, o que ele também fez, e lhe deu a mão, ajudando-o a atravessar. As últimas palavras do Sr. Honesto foram: "A graça reina!" E assim ele deixou o mundo.[64]

A graça reina! Essas palavras resumem sua vida cristã? Ou a graça reinará em nós ou o pecado reinará - o que será? A graça faz o trabalho que o sistema da lei nunca poderia fazer. Agora podemos entender que a graça é o meio de Deus para purificar nosso pecado e nos guiar no caminho da justiça. Em vez de oferecer uma licença para pecar, a graça oferece um caminho de vitória tanto sobre o pecado habitual quanto sobre o ocasional. Na quarta estrofe de seu famoso hino, "Jesus amado de minha alma", Charles Wesley escreveu:

> A graça abundante em Ti é encontrada, Graça
> para cobrir todo o meu pecado;

Que as águas de cura sejam abundantes, Que me purifiquem e me mantenham puro em meu interior.

Capítulo Oito

Graça Suficiente

Para impedir que eu me exaltasse por causa da grandeza dessas revelações, foi-me dado um espinho na carne, um mensageiro de Satanás, para me atormentar. Três vezes roguei ao Senhor que o tirasse de mim. Mas ele me disse: "Minha graça é suficiente para você, pois o meu poder se aperfeiçoa na fraqueza". Portanto, eu me gloriarei ainda mais alegremente em minhas fraquezas, para que o poder de Cristo repouse em mim. Por isso, por amor de Cristo, regozijo-me nas fraquezas, nos insultos, nas necessidades, nas perseguições, nas angústias. Pois, quando sou fraco é que sou forte. (2 Coríntios 12:7-10)

A maioria das pessoas fica cética quando alguém conta sobre suas conversas pessoais com Deus. Se você quiser causar desconforto em uma reunião social, simplesmente diga: "Deus me disse..." Muitas vezes esse ceticismo é justificado, pois o que as pessoas relatam que Deus lhes disse, muitas vezes, soa suspeito à luz da revelação mais segura de Deus. Por exemplo, por que parece que quando pessoas em ministérios proeminentes declaram que Deus falou com elas, isso geralmente tem a ver com o mais recente esquema de arrecadação de fundos? Há vários anos, um famoso evangelista relatou que havia tido uma conversa de sete horas com Deus, em grande parte sobre o tema de arrecadar dinheiro para seu ministério. Curiosamente, Deus estava bem ciente das mais recentes técnicas de marketing e captação de recursos, e o evangelista escreveu cartas descrevendo a visita aos apoiadores para que soubessem que esse pedido particular de dinheiro foi especialmente ordenado pelo próprio Senhor. Portanto, não é de se admirar que muitas pessoas adotem uma atitude de "esperar para ver" sempre que alguém começa a relatar suas conversas especiais com Deus.

Em todas as cartas do Novo Testamento, há apenas um caso de um escritor que diz: "Deus me disse isso", e está em 2 Coríntios 12:9. Portanto, o que Paulo nos diz aqui merece nossa atenção especial como uma declaração única no Novo Testamento. Essa passagem certamente não é mais inspirada do que o restante da Bíblia, mas, como é diferente, merece ser examinada com atenção.

Talvez o melhor lugar para começar seja com uma compreensão do contexto da escrita de Paulo. Paulo sofria do que ele chamava de "enfermidade" ou "espinho na carne". Isso o incomodava muito, porque a palavra que ele usava para o espinho na verdade descrevia algo como uma estaca de tenda. Seu espinho era mais parecido com um pé-de-cabra do que com uma tachinha. Não sabemos exatamente o que causava tanta dor e desconforto a Paulo e, se você consultasse dez comentaristas diferentes, provavelmente obteria dez opiniões diferentes sobre o que o perturbava. Alguns dizem que foram seus olhos, outros dizem que foi uma lesão ou doença debilitante e outros dizem que foi uma pessoa que constantemente tornava sua vida infeliz. Não importa exatamente quem ou o que era; o importante é que Deus permitiu que ele permanecesse, e Ele tinha um motivo para isso. Em vez de nos concentrarmos no que era, devemos perguntar: "Por que Deus permitiu que esse espinho incômodo permanecesse na vida de Paulo?"

A resposta é simples, mas tem aplicações importantes e de amplo impacto em nossa vida. Deus permitiu que esse problema doloroso permanecesse na vida de Paulo para ensiná-lo sobre graça e suficiência. Podemos resumir o que Ele ensinou a Paulo com um princípio: A graça de Deus é suficiente e, em nós mesmos, não somos - exceto por essa graça.

Nossa Própria Insuficiência

A cultura americana tem muitas características peculiares, e uma das mais proeminentes é nosso culto à autossuficiência, há muito estabelecido.

Em geral, os americanos são ensinados a abraçar uma independência obstinada, que exige que raramente admitamos qualquer necessidade ou carência que não possamos satisfazer por nós mesmos. Elevamos o homem que se tornou independente à posição de herói. Nosso lema é que podemos conseguir e somos suficientes para isso.

Esse tipo de autossuficiência cria um grande obstáculo para levar a Jesus as pessoas de hoje em dia. Do ponto de vista do mundo, o cristianismo é apenas uma muleta para pessoas que não conseguem se manter por si mesmas. É claro que isso é bom para os fracos, fracassados, derrotados e frágeis deste mundo, mas as pessoas normais não precisam dessas coisas religiosas. Nossa adoção cultural do homem que se construiu sozinho muitas vezes contradiz a verdade de nossa insuficiência. A verdade de Deus é clara e fala claramente sobre o fato de que, se o homem quiser ser aprovado diante de Deus, ele não poderá fazê-lo com os recursos encontrados apenas em si mesmo.

Dizem-nos de mil maneiras diferentes que podemos vencer sozinhos e que devemos ter uma perspectiva confiante e otimista devido ao nosso grande potencial. Infelizmente, grande parte dessa confiança e otimismo se baseia em evidências frágeis e no autoengano intencional.

Quando Maria Antonieta - a última rainha da França antes da Revolução Francesa - chegou a Paris como noiva, não foi permitido que uma única pessoa maltrapilha ou passando fome mostrasse o rosto nas ruas por onde passava seu cortejo. Naquela época, a

França estava repleta de descontentamento devido à extrema pobreza, um descontentamento que mais tarde se transformaria na chama da revolução. Mas Maria Antonieta não sabia de nada disso, então os pobres e famintos da cidade foram levados para as ruas laterais, onde ela não podia vê-los. Eles foram mantidos lá para que ela pensasse que tudo era feliz e próspero na cidade de Paris. Foi só depois da revolução sangrenta e violenta que ela descobriu como as coisas estavam ruins. Naquele momento, já era tarde demais.[65]

Da mesma forma, podemos nos sentir otimistas e confiantes enquanto nos recusamos deliberadamente a encarar os fatos. Isso pode ser um autoengano perigoso, um jogo lamentável de faz-de-conta que aceitamos de braços abertos. Muitas vezes, queremos ser enganados sobre nossa verdadeira condição, porque saber a verdade poderia acabar com nossa bela mentira. Sempre que queremos negar nossa necessidade de Deus, há sempre um enganador satânico à disposição para nos dizer suavemente o que queremos ouvir. Em vez de conhecer a verdade, muitos se satisfazem com uma fachada de felicidade e respostas superficiais para suas profundas necessidades espirituais. Fechar os olhos para nossas fraquezas e insuficiências inerentes é um aspecto superficial e trágico de nosso caráter, que pode nos levar a decididamente rejeitar nossa necessidade de um Salvador.

Jesus descreveu essa mentalidade em Marcos 2:17: *"Não são os que têm saúde que precisam de médico, mas sim os doentes. Eu não vim para chamar justos, mas pecadores ao arrependimento."* Enquanto acharmos que estamos bem e que somente os fracassados precisam de Cristo, o chamado de Jesus não fará diferença para nós. Somente quando nos convencermos de nossa própria insuficiência é que receberemos a graça de Deus, que pode realmente ser nossa suficiência.

Também é importante reconhecer que só podemos ser convencidos de nossa insuficiência pelo Espírito Santo. Não podemos convencer ninguém a entender suas necessidades espirituais sem que o Espírito Santo trabalhe nelas. Ele deve fazer o trabalho de convicção e demonstração da verdade sobre a necessidade de uma pessoa. Deus pode usar outras pessoas nesse trabalho, mas o testemunho interno persuasivo pode ser realizado somente pelo Seu Espírito. Uma razão pela qual muitas pessoas têm um compromisso insincero é o fato de virem a Jesus sem serem persuadidas pelo Espírito Santo de sua grande necessidade Dele. Se Jesus for visto como algo bom que é meramente adicionado à nossa vida, nunca teremos o relacionamento que Ele pretendia ter conosco.

A Resposta de Deus para Nossa Necessidade

Depois de darmos uma olhada honesta em nossa própria insuficiência, podemos pensar na maneira como Deus quer atender a essa necessidade. Ele determinou que Sua graça é totalmente suficiente. Quando nos conscientizamos de nossa necessidade espiritual, Deus nos chama a depender de Sua graça.

Considere o que um conselheiro sem uma perspectiva bíblica teria dito a Paulo. Imagine Paulo contando ao conselheiro sobre sua grande enfermidade, seu incômodo espinho na carne e como ele se sentia fraco e sem forças para continuar. Podemos imaginar o conselheiro dizendo: "Bem, Paulo, o que você precisa é de uma mentalidade positiva para enfrentar esse problema". Ou "Paulo, o poder está dentro de você para vencer essa enfermidade. Você deve olhar profundamente para dentro do seu ser interior para encontrar os recursos para o sucesso". Talvez o conselheiro dissesse: "O que você realmente precisa é de um grupo de apoio de pessoas atenciosas". O conselheiro pode até desafiar Paulo: "Se você realmente tivesse fé, seria libertado desse espinho na carne". Alguns desses conselhos podem ser úteis em circunstâncias diferentes. No entanto, Deus tinha um conselho especial para Paulo nessa situação - diferente da maioria das respostas humanas.

Como Deus *respondeu* à Paulo? "*A minha graça* [favor imerecido] é suficiente" (2 Coríntios 12:9). Em outras palavras, Minha graça é suficiente para atender às suas necessidades, portanto, busque a Mim! O plano de Deus não era que Paulo encontrasse a resposta em si mesmo, ou mesmo em outras pessoas (mesmo que outras pessoas possam ter ajudado muito). O plano de Deus era que a necessidade de Paulo fosse satisfeita por um toque de Sua graça.

111

Como a graça de Deus pode ser suficiente para atender às nossas necessidades? A graça pode atender às nossas necessidades porque, quando a recebemos, desfrutamos de nosso status de favor e aprovação aos olhos de Deus. Graça significa que Deus gosta de nós - que Ele tem uma disposição favorável para conosco, que temos Sua aprovação e a promessa de Seu cuidado. Todos nós sabemos que ser visto com bons olhos por uma pessoa influente pode nos levar longe. É realmente verdade que o que você conhece não é tão importante quanto quem você conhece, e estar sob a graça de Deus significa que você O conhece, e Ele o conhece e se importa com você.

A graça de Deus pode atender às nossas necessidades porque está disponível em todos os momentos. Quando pecamos ou falhamos, não estamos fora do alcance de Sua graça. Como a graça é concedida gratuitamente a nós em Cristo, ela não pode ser retirada posteriormente se tropeçarmos ou cairmos. Quando nos achegamos a Deus pela fé por meio do sangue de Jesus, Sua graça está sempre pronta para atender e ministrar às nossas insuficiências.

Finalmente, Sua graça pode atender às nossas necessidades porque Deus disse a Paulo que a graça é a força de Deus (2 Timóteo 2:1). Grande parte do poder deste mundo se expressa em coisas que trazem dano e destruição, mas Deus adora mostrar Seu poder por meio de Sua bondade e graça.

Às vezes, associamos essa bondade pura com covardia ou timidez. No entanto, esse ponto de vista é concordar com a perspectiva do mundo sobre poder e força e negar a verdade de Deus sobre a força da graça e do amor. A graça não é fraca ou covarde; é o próprio poder de Deus para suprir o que está faltando em nós.

Vemos, então, que quando nos conscientizamos de nossa própria insuficiência, a intenção de Deus é suprir essa necessidade por meio da atuação de Seu favor imerecido e de Sua aprovação em nossa vida. Ele quer que olhemos para Ele nesses momentos de enfermidade, não para nós mesmos ou para o que o homem pode oferecer.

É claro que isso não significa que não devemos nos voltar para os outros quando estivermos em necessidade. Se fosse esse o caso, os muitos incentivos na Bíblia para cuidarmos uns dos outros e carregarmos os fardos uns dos outros não fariam sentido. Jesus quer ministrar a nós tanto diretamente quanto por meio de outras pessoas. Nunca devemos deixar de esperar em Deus em nossos momentos de necessidade, para que possamos receber diretamente Dele a graça para atender às nossas necessidades. No entanto, também buscamos a graça de Deus para nos atender por meio de outras pessoas. Jesus adora atender às necessidades por meio de Seu corpo coletivo.

Em vez de procurarmos respostas em nós mesmos, descansamos e nos regozijamos com a certeza de Seu favor e aprovação. E aguardamos o trabalho da mão graciosa de Jesus para nos fortalecer, seja diretamente ou por meio de outras pessoas que Ele usa para nos ajudar.

Uma Experiência Para Toda a Vida

2 Coríntios 12:7-10 também nos mostra que experimentaremos fraqueza e precisaremos confiar na graça de Deus durante toda a nossa vida cristã. Nosso progresso nunca nos levará a crescer a ponto de não precisarmos confiar em Sua graça. Nunca chegaremos a um nível em que deixaremos de sentir que somos totalmente insuficientes à parte dessa ação da graça. Somos chamados a uma dependência constante da graça em toda a nossa experiência cristã.

A própria vida de Paulo mostra um exemplo vívido desse princípio. Vemos que Deus trouxe a fraqueza em seu caminho para que ele pudesse aprender a confiar no poder de Deus. Pense nisso: Paulo, o grande missionário e apóstolo, talvez o cristão mais famoso de toda a história, foi intencionalmente mantido por Deus em algum tipo de fraqueza para que nunca perdesse de vista sua necessidade de confiar Nele. Deus sabia que Paulo precisava experimentar a fraqueza, por isso criou uma ocasião para que Paulo experimentasse essa fraqueza por meio de sua enfermidade ou espinho na carne.

Como cristãos, a experiência da fraqueza é, portanto, uma

coisa boa, fazendo com que olhemos para além de nós mesmos em busca de recursos para trilhar o caminho cristão. Todos nós precisamos experimentar esse tipo de fraqueza para que busquemos constantemente nossa força em Deus. No entanto, admito que, a esta altura de minha vida cristã, Deus não precisa fazer nada de especial para me conscientizar de minhas próprias insuficiências, porque eu, naturalmente, já tenho fraquezas suficientes.

A razão pela qual Deus submeteu Paulo a essa fraqueza não foi para puni-lo, mantê-lo na linha ou torná-lo fraco pelo simples fato de mantê-lo fraco. Deus não tem prazer em tais coisas. Em vez disso, Ele sabia que Paulo só continuaria a experimentar a força de Deus se continuasse a experimentar também a fraqueza humana. Deus não tentou derrotar Paulo; ele tornou o caminho da vitória por meio da graça mais disponível para ele ao revelar a fraqueza em si mesmo.

É por isso que Paulo podia se gloriar em suas enfermidades e ter prazer em suas dificuldades. Ele não era uma pessoa doente que se divertia quando a vida desmoronava ao seu redor. Ele só se gloriava em suas enfermidades porque era por meio delas que ele podia conhecer a força e a vitória da graça de Deus. Era a força e a vitória que Paulo apreciava, e o que quer que Deus usasse para alcançar essa vitória, Paulo se gloriava disso.

É interessante considerar que tipo de homem Paulo era. Ele era um homem fraco ou um homem forte? Aquele que viajou pelo mundo antigo espalhando o evangelho de Jesus, apesar das perseguições mais ferozes, que suportou naufrágios e prisões, que pregou a reis e escravos, e que estabeleceu igrejas fortes e treinou seus líderes não era um homem fraco. À luz de sua vida e de suas realizações, diríamos que Paulo era um homem muito forte, mas ele só era forte porque conhecia suas fraquezas e buscava fora de si a força da graça de Deus. Da mesma forma, se quisermos viver uma vida com tanta força, também precisamos admitir nossas fraquezas e buscar somente em Deus o favor, a aprovação e a obra da graça que nos fortalecerá para qualquer tarefa. Foi o Paulo cheio da graça que pôde dizer: *"Posso todas as coisas por meio de Cristo, que me dá forças."* (Filipenses 4:13 NVT).

Aplicações Práticas

Primeiro, essas verdades mudarão a forma como oramos por aqueles que não receberam o dom da graça de Deus para a salvação. Em 2 Coríntios 4:4, Paulo disse que as mentes dos que estão perecendo foram cegadas pelo deus deste século, e eles não creem, para que não lhes resplandeça a luz do evangelho da glória de Cristo, que é a imagem de Deus. Essa cegueira de Satanás tem muitos aspectos diferentes, mas certamente um dos maiores é persuadir homens e mulheres de que eles não precisam de Jesus. Devemos lutar contra essa obra de engano com uma oração sincera pelos perdidos, para que eles percebam suas próprias fraquezas, insuficiências e sua grande necessidade do Salvador.

Agora entendemos que uma das melhores orações que podemos fazer por aqueles que não conhecem Jesus é esta: *Deus, faça com que eles saibam que precisam de Ti e que são totalmente incapazes de se separar de Ti.* Você pode achar que é cruel orar para que outra pessoa compreenda sua própria incapacidade, mas ela nunca confiará na forte salvação de Jesus até que reconheça a própria fraqueza. Quando entendermos que muitas vezes é uma atitude de autossuficiência que afasta as pessoas de Cristo, isso afetará a maneira como oramos por elas.

Em segundo lugar, essas verdades mudam a forma como vemos o sucesso e o crescimento na caminhada cristã, não em termos de independência, mas em uma maior dependência. A maioria de nós anseia pelo dia em que a vida cristã se tornará fácil. Esperamos um tempo em que nossas maiores lutas contra o pecado tenham ficado para trás e possamos seguir para coisas maiores e melhores sem muita luta. Esse dia é uma ilusão. Se o próprio apóstolo Paulo experimentou fraqueza constantemente, quem somos nós para pensar que iremos além dele? Na verdade, essa seção das Escrituras nos mostra que, se necessário, Deus trará algo específico à nossa vida para nos lembrar de nossa fraqueza e grande dependência Dele.

Por fim, essas verdades nos alertam sobre o perigo do orgulho, pois ele é o grande inimigo da graça e faz com que não queiramos enxergar nossa fraqueza. O fato de negar orgulhosamente nossa fraqueza e a necessidade absoluta de depender de Jesus é a verdadeira cegueira e a maior arrogância. É como se estivéssemos dizendo a Deus: "Senhor, a maioria das pessoas pode não ter o que é preciso, mas eu tenho. Não preciso de Sua oferta de graça para obter força e vitória". Aqueles que têm essa atitude (se bem que talvez nunca a expressem) estão se autocondenando porque rejeitam abertamente a provisão de Deus para suas necessidades.

Paulo não poderia ter colocado isso de forma mais clara: A graça de Deus é suficiente para atender às necessidades da humanidade, e nós não somos suficientes para atender a essas necessidades por conta própria.

Capítulo Nove

Trabalhando com a Graça

Pois sou o menor dos apóstolos e nem sequer mereço ser chamado apóstolo, porque persegui a igreja de Deus. Mas, pela graça de Deus, sou o que sou, e sua graça para comigo não foi em vão; antes, trabalhei mais do que todos eles; contudo, não eu, mas a graça de Deus comigo.
(1 Coríntios 15:9-10)

Algumas das declarações mais profundas do apóstolo Paulo foram feitas como comentários paralelos enquanto ele tratava de outro assunto. Essa passagem de 1 Coríntios 15 é um exemplo perfeito. O foco principal de Paulo nesse capítulo não era ensinar sobre a graça, mas defender a doutrina cristã essencial da ressurreição dos mortos.

Ele fez isso apontando a verdade óbvia de que a ressurreição de Jesus prova que os mortos ressuscitam. No entanto, alguém poderia objetar e perguntar: "Como sabemos que Jesus ressuscitou dos mortos?" Paulo tinha uma resposta pronta. Primeiro, sabemos que Jesus ressuscitou dos mortos porque temos o testemunho ocular confiável dos apóstolos sobre esse fato. Pedro, Tiago, João e todos os demais apóstolos viram Jesus ressuscitado e arriscaram suas vidas com base nesse testemunho.

Juntamente com os apóstolos, Paulo acrescentou seu próprio testemunho à verdade da ressurreição de Jesus. Ele também afirmou ser um apóstolo e uma testemunha do Cristo ressuscitado. Mas quem era ele para reivindicar uma posição tão elevada? Ele não o seguiu como os outros fizeram nos anos do ministério terreno de Jesus. Jesus não chamou Paulo às margens do Mar da Galileia e disse: "Siga-me". Paulo não foi um dos 70 discípulos encarregados de pregar o evangelho nas cidades da Galileia. Ele não ouviu o Sermão da Montanha ou o Discurso do Cenáculo de Jesus com seus próprios ouvidos. Por que Paulo achou que poderia tomar para si o título privilegiado de *apóstolo*?

Paulo disse que uma das razões pelas quais ele poderia reivindicar esse status era o fato de também ter visto o Jesus ressuscitado. O capítulo 9 de Atos descreve o encontro pessoal de Paulo com Cristo, mas esse evento ocorreu muito depois de os outros apóstolos terem visto o Senhor ressuscitado. É por isso que Paulo diz que ele era como *"um nascido fora de tempo"* (1 Coríntios 15:8). No entanto, o simples fato de ver o Jesus ressuscitado não era suficiente para tornar alguém um apóstolo. Se assim fosse, então haveria mais de 500 apóstolos nos dias de Paulo, porque nos é dito em 1 Coríntios 15:6 que havia mais de 500 irmãos que viram o Senhor ressuscitado. O que mais Paulo poderia dizer para justificar sua afirmação de ser um apóstolo? Que direito ele tinha de reivindicar uma posição tão importante? Paulo nos disse que sua transformação de terrível perseguidor em apóstolo honrado se deveu a uma coisa: a graça de Deus.

Transformado pela Graça

Nessa simples declaração em 1 Coríntios 15:9-10, Paulo nos dá uma visão de um dos aspectos mais notáveis sobre o impacto da graça de Deus na vida humana. A graça muda as pessoas, e as muda de maneira inesperada e dramática.

Quando acreditamos genuinamente em Jesus e somos

convertidos pelo Espírito Santo, sempre haverá uma mudança de vida. Nunca poderá haver dúvida de que *"se alguém está em Cristo, nova criatura é; as coisas velhas já passaram; eis que tudo se fez novo"* (2 Coríntios 5:17). As mudanças podem ser diferentes de pessoa para pessoa, mas as mudanças são certas e esperadas. Algo está errado quando uma pessoa diz que nasceu de novo, mas não há evidência de mudança em suas crenças fundamentais, em sua perspectiva de vida ou em sua atitude em relação a Deus e ao pecado. A graça não pode ser dada a alguém sem que haja uma mudança evidente. Deus e Sua graça não são simplesmente adicionados à vida daqueles que creem; ao contrário, Ele se torna seu foco e propósito. Em todos que acreditam genuinamente, começa um trabalho individual de transformação que atinge todos os aspectos da vida.

No entanto, o poder da graça não é dado apenas para operar uma mudança inicial na vida do crente; esse poder é dado para que continue a nos mudar. Deus quer que Seu poder transformador da graça esteja sempre em ação na vida do cristão. Paulo percebeu que Deus ainda não havia terminado de transformá-lo e estava disposto a admitir: *"Não que eu já tenha obtido tudo isso ou tenha sido aperfeiçoado, mas prossigo para alcançá-lo, pois para isso também fui alcançado por Cristo Jesus."* (Filipenses 3:12).

Devemos parar por um momento para considerar quem escreveu essa carta e como o poder da graça mudou sua vida de forma extraordinária. Antes de ser confrontado por Deus na estrada para Damasco, Paulo era religiosamente presunçoso, mas também odiador de Deus e de Sua igreja. Ele achava que havia satisfeito as exigências de Deus, mas, de acordo com os padrões de Deus, ele não era justo. Em sua autoconfiança, ele atacou o grupo inicial de cristãos, perseguindo-os com mais entusiasmo do que qualquer um de seus companheiros. Paulo tinha certeza de que Deus estava do seu lado e abençoava sua tentativa de eliminar esses seguidores de Jesus.

No entanto, Paulo estava profundamente enganado, pois, ao perseguir a igreja de Deus, ele na verdade perseguiu o próprio Jesus. Lembre-se das palavras de Jesus na estrada para Damasco: *"Saulo, Saulo, por que você me persegue?"* (Atos 9:4). Ao odiar a igreja, Paulo demonstrou seu ódio por Jesus, e seu ódio por Jesus mostrou que Paulo realmente odiava o Deus de Israel. Isso se deve ao fato de Jesus ser a representação exata de Deus Pai, o Deus que Paulo supostamente servia ao atacar a igreja. Paulo estava tão enganado que se considerava uma pessoa que estava agradando a Deus, quando na verdade, sua vida demonstrava um ódio intenso ao Pai, ao Filho e ao Espírito Santo, bem como à igreja.

Quando consideramos a vida de Paulo antes da estrada de Damasco, ficamos maravilhados ao ver a mudança que ocorreu nele após sua experiência com Jesus. Os olhos de Paulo foram abertos, tanto figurativa quanto literalmente, porque a visão brilhante de Cristo na estrada de Damasco o deixou cego até que um cristão chamado Ananias orou por sua cura. Uma vez cego, Paulo percebeu que havia sido enganado e que sua vida anterior não havia agradado a Deus de forma alguma. Em vez de perseguir a igreja, Paulo se uniu humildemente a outros cristãos e, em vez de odiar o evangelho de Cristo, ele o pregou com ousadia. Uma transformação tão notável só foi possível por meio de uma obra da graça de Deus. Nenhum fenômeno psicológico ou biológico poderia ser responsável por tal mudança. Toda a glória e o crédito devem ser dados a Jesus e somente à Sua graça. Paulo aprendeu o que significa ser uma nova criação e sabia, por experiência própria, a mudança dramática que ocorre quando alguém para de lutar contra Deus e coloca sua confiança em Jesus.

Todos nós temos a tendência de pensar que esse tipo de mudança real e dramática está confinado às páginas empoeiradas de livros antigos, mas isso não é verdade. O poder da graça de Deus para mudar vidas é atual e funciona até mesmo para pessoas em dramática rebelião contra Ele. Um exemplo de conversão de Saulo para Paulo está na vida de um homem chamado Sergei Kourdakov, que escreveu sobre sua notável transformação em um livro intitulado simplesmente *Sergei*.

Quando jovem, Sergei liderou mais de 150 ataques em grupo contra cristãos na União Soviética. Como um Saulo de Tarso perseguidor dos tempos modernos, ele tentava intimidar os crentes da Rússia espancando-os sem piedade, às vezes de forma tão severa que suas infelizes vítimas morriam. Em uma ocasião, ele foi mostrado na televisão soviética enrolado na bandeira nacional e descrito como o exemplo perfeito da juventude soviética. Ele havia sofrido uma lavagem cerebral completa pela filosofia ateísta e estava totalmente enganado sobre a verdade de Deus ou do cristianismo.

Um dia, Deus se revelou a Sergei e provou que Ele era real. Isso aconteceu quando Sergei testemunhou o caráter dos crentes soviéticos, especialmente a maneira como eles oravam por aqueles que os perseguiam. Mais tarde, ele se alistou na Marinha soviética e, por fim, em um esforço desesperado para fugir para um lugar onde pudesse aprender a verdade sobre Deus, pulou do navio no gelado Oceano Ártico, perto do Canadá, e nadou por mais de oito horas até a costa. Depois de alcançar a segurança, ele imediatamente começou a aprender sobre o Deus que antes odiava. Sergei jejuou por dois dias e passou todo esse tempo ajoelhado em um altar de uma igreja, orando a um Deus que ele não conhecia, até que um pastor lhe disse como encontrar o que ele estava procurando em Jesus Cristo. Sergei Kourdakov então pregou o evangelho que antes tentava destruir, amando e servindo o Salvador que antes odiava amargamente.[66]

Sergei Kourdakov é outro testemunho impressionante do fato de que a graça ainda muda vidas. Deus não interrompeu essa obra nos dias da Bíblia; Ele a continua até hoje para qualquer pessoa que queira abandonar tudo para segui-Lo. E quanto a você? Você já foi transformado pelo poder da graça de Deus?

Trabalhando com a Graça

Quando consideramos a incrível transformação da vida de alguém como Paulo ou Sergei Kourdakov, podemos pensar que tudo o que eles fizeram foi sentar e deixar que o poder da graça os dominasse, mas isso não é verdade. Porque sabemos que esse trabalho de mudança exige a participação ativa e o esforço da pessoa que está sendo transformada.

Paulo nos disse que a graça de Deus não foi estendida a ele *"em vão"* (1 Coríntios 15:10). Paulo também trabalhou arduamente em conjunto com a graça de Deus. A graça não o desencorajou de trabalhar; ela o incentivou e o fortaleceu para trabalhar. A graça de Deus produziu muitos frutos em Paulo, em parte porque ele agiu de acordo com seu desejo de trabalhar junto com a graça de Deus.

No entanto, ao dizer *"Sua graça para comigo não foi em vão"*, Paulo levanta uma questão interessante sobre a graça de Deus: Ela pode, de fato, ser dada em vão? A graça de Deus pode ser dada e recebida, mas não ter nenhum efeito na vida daquele que a recebe?

Para responder a essa pergunta, devemos nos lembrar de que não são necessárias obras para receber a graça; somente a fé é necessária. Romanos 5:1-2 diz: *"temos paz com Deus, por nosso Senhor Jesus Cristo, por meio de quem obtivemos acesso pela fé a esta graça na qual agora estamos firmes."* Nosso acesso à graça é *pela fé*. Deus concede esse poder de favorecimento e aceitação que chamamos de graça sem primeiro exigir dignidade ou mérito. Ela não é concedida com um pré-requisito de desempenho - nem no passado, nem no presente, nem no futuro. Entretanto, Deus não nos concede essa graça que muda nossa vida para que possamos relaxar e nos recusar a unir nossos esforços ao poder de Sua graça. Deus espera que façamos muitas coisas específicas com Sua graça, e várias delas estão claramente delineadas nas Escrituras.

Graça para Obediência

Por exemplo, em Romanos 1:5, lemos: *"Recebemos a graça... para a obediência à fé".* Isso nos diz claramente que parte do propósito de Deus ao nos dar Sua graça é para que O obedeçamos, e Deus espera que aqueles que recebem a graça se empenhem na obediência. E quanto àqueles que dizem ter recebido a graça de Deus para a salvação, mas não demonstram nenhuma preocupação com a obediência? Judas, em sua breve carta, descreveu-os como *"Estes são ímpios, e transformam a graça de nosso Deus em libertinagem e negam Jesus Cristo, nosso único Soberano e Senhor."* (Judas 1:4). Deus diz que essas pessoas estão sob o Seu julgamento vindouro, *"homens, cuja condenação já estava sentenciada há muito tempo"* (Judas 1:4). Essas pessoas provam que nunca receberam de fato a graça de Deus. A graça é dada para que possamos obedecer, e a desobediência crônica e o abuso da graça são evidências de que a pessoa nunca recebeu adequadamente a graça de Deus.

Graça para Boas Obras

Em sua segunda carta à igreja de Corinto, Paulo lista um motivo adicional pelo qual Deus nos concede Seu favor imerecido. Paulo escreveu em 2 Coríntios 9:8, *"E Deus é poderoso para fazer que lhes seja acrescentada toda a graça, para que em todas as coisas, em todo o tempo, tendo tudo o que é necessário, vocês transbordem em toda boa obra."* Deus quer que tenhamos todos os recursos necessários para fazer as boas obras para as quais Ele nos criou. Para fazer boas obras, podemos precisar de ousadia, um coração disposto, finanças, sabedoria espiritual ou outros recursos. A graça de Deus atua em nós para suprir essas necessidades, para que possamos fazer boas obras. No entanto, com esse suprimento, ainda precisamos realmente *fazer* as coisas que Sua graça nos permite fazer. A graça é concedida para que possamos fazer boas obras.

Graça para Servir a Deus

Outra coisa que Deus espera que façamos com a graça que recebemos é servi-Lo. Em Hebreus 12:28, o autor diz: *"retenhamos a graça, pela qual sirvamos a Deus de modo agradável, com reverência e santo temor" (ARA).* A graça nos ajuda a servir a Deus de muitas maneiras diferentes. Ela nos dá a capacidade moral de servir de forma agradável a Ele, pois, sob o sistema da graça, o problema do pecado do homem é tratado adequadamente. Antes da purificação que recebemos por meio da cruz, o único serviço que podíamos oferecer a Deus era realizado com as mãos manchadas pelo pecado. Deus procura servos que sejam lavados antes de servi-Lo, assim como os sacerdotes do Antigo Testamento tinham de ser lavados cerimonialmente antes de realizar suas tarefas. O plano de graça de Deus fornece a maneira pela qual podemos oferecer um serviço imaculado a Deus.

Além disso, a graça nos ajuda a servir a Deus com a motivação correta. Se não tivermos consciência da graça, muitas vezes serviremos a Deus para nos sentirmos aceitos por Ele. Por meio de nossas obras, tentamos dar a Ele um motivo para nos amar. A graça nos garante que todos esses motivos estão em Deus e não em nós, e que somos aceitos em Jesus. Então, nosso serviço é corretamente motivado por amor, apreço e gratidão. De fato, queremos a recompensa de agradar a Deus, assim como uma criança gosta de agradar ao pai, mas não para obter a aprovação de Deus.

A consciência da graça de Deus também nos ajuda a servi-Lo bem em uma das maneiras mais importantes que podemos - a adoração. Quando a questão de nossa aceitação perante Deus é resolvida por Seu favor imerecido e há um verdadeiro descanso no coração, a adoração assume uma dimensão nova e empolgante, marcada por intensa ação de graças e adoração pelo que Deus fez em nossa vida. À luz da graça, adoramos a Deus por gratidão, não por tentar obter Sua aprovação ou acalmar Sua ira. Não nos preocupamos com o fato de que Deus possa nos rejeitar se não O agradarmos, porque, pela graça, a questão da aceitação foi resolvida para sempre pela obra de Cristo. Com o medo da rejeição removido, podemos servir a Deus em adoração por causa de uma alegre apreciação por tudo o que Ele fez por nós. A graça é concedida para que possamos servir a Deus.

Graça para Servir aos Outros

Um quarto propósito para Deus dar Sua graça pode ser visto em Efésios 3:7, onde Paulo nos diz: *"fui feito ministro, segundo o dom da graça de Deus."*. A graça era a base do ministério de Paulo, e ele sabia que Deus o havia dado essa graça para que ele servisse ao corpo de Cristo. Portanto, não apenas servimos a Deus com os recursos da graça, mas também somos capazes de servir à igreja com os mesmos recursos que a graça proporciona. Da mesma forma, a graça influencia a maneira como servimos o corpo de Cristo. Nosso serviço vem da gratidão e do amor, em vez de culpa ou medo de punição iminente se falharmos em nosso serviço. Deus nos dá a graça para que possamos ministrar à Sua igreja.

Vemos claramente que recebemos a graça para obedecer a Deus, fazer boas obras e servir a Ele e à Sua igreja. Entretanto, devemos entender que Deus não nos dá a graça pelo fato de fazermos essas coisas, mas apenas para que tenhamos o desejo, a capacidade e os recursos para fazê-las. A graça nunca é uma recompensa por boas ações feitas ou prometidas; ela é dada para que possamos fazer as coisas que agradam a Deus.

Parceiros com Deus

Paulo entendeu que Deus nos dá Sua graça e então somos equipados para trabalhar abundantemente. O resultado é que a obra de Deus é feita. Os resultados vêm quando percebemos que estamos em uma parceria com Deus. É difícil entender por que o Criador soberano do universo quer fazer parceria conosco, mas Ele de fato quer isso, e em muitos níveis diferentes.

Uma maneira de ilustrar isso é imaginar um agricultor plantando milho. O agricultor faz tudo o que pode para criar as condições ideais para o cultivo do milho. Ele fertiliza o solo, prepara-o para o plantio, semeia a semente, rega o solo, arranca as ervas daninhas e, no momento certo, faz a colheita. O agricultor faz seu trabalho, mas não faz o milho crescer. Esse é um milagre que o próprio Deus construiu em cada semente individual. Tudo o que o agricultor pode fazer é entrar em uma parceria com Deus, criando as melhores condições possíveis para que o milagre do crescimento ocorra. Deus faz a parte Dele e, quando o homem faz a parte dele, os excelentes resultados são alcançados.

O princípio de parceria de Deus é apenas um princípio geral de Suas relações com o homem. Ele não tem obrigação de trabalhar com o homem dessa forma e Seu propósito final não será frustrado por qualquer falha do homem em trabalhar com Ele. Deus tem o direito de agir de forma totalmente soberana, sem qualquer cooperação com os esforços do homem, e Ele trabalha dessa forma com mais frequência do que supomos. Entretanto, como princípio geral, pode-se dizer que Deus trabalha em parceria com o homem.

Paulo entendia bem esse princípio. Ele disse aos coríntios: *"Somos cooperadores de Deus"* (1 Coríntios 3:9). Esse princípio de parceria nos ajuda a entender o que ele quis dizer quando escreveu sobre a possibilidade de a graça de Deus ser concedida em vão.

125

Se negligenciarmos nossa parte, Sua graça não cumprirá o que Ele propôs, e pode-se dizer que ela foi dada em vão. Mas Paulo decidiu que não permitiria que isso acontecesse. Ele decidiu que iria *trabalhar muito* (1Coríntios 15:10) em cooperação com a graça de Deus para que o melhor resultado fosse alcançado.

Muitas coisas nos impedem de trabalhar duro como Paulo, e essas coisas nos impedem de ver os melhores resultados do trabalho com Deus. Um obstáculo é a incredulidade. Podemos escolher nunca nos apropriarmos da graça de Deus para vivermos diariamente pela fé e nos recusarmos a viver na liberdade e na vitória que essa graça traz. Podemos nos descuidar de nosso trabalho árduo por estarmos preocupados com nossos próprios objetivos e projetos, demonstrando pouco interesse pelos planos de Deus. Devemos realmente acreditar que promover o Reino de Deus é mais importante do que nosso próprio conforto e progresso se quisermos trabalhar com a graça de Deus. A preguiça também pode nos afastar do trabalho árduo que garante que a graça de Deus não seja concedida em vão. Essa preguiça não pode ser tratada de maneira branda. O chamado de Deus ao cristão preguiçoso é para que se levante do sono e se ocupe em trabalhar em parceria com Ele (Efésios 5:14).

A preocupação com sentimentos de mágoa ou a incapacidade de perdoar verdadeiramente os outros também pode impedir que os cristãos trabalhem com Deus. Quando mágoas passadas ou pecados contra nós influenciam nosso pensamento e nossa personalidade, isso pode tirar o desejo de olhar além de nossos próprios problemas e trabalhar em parceria com Deus para realizar o que é importante para Seu reino. O desejo de Deus é que deixemos toda a mágoa, dor e amargura em relação aos outros na cruz e lidemos com essas questões de maneira bíblica. Ele quer que *"esqueçamos as coisas que ficaram para trás... e prossigamos para as que estão adiante"* (Filipenses 3:13). Com a ajuda da graça de Deus, essas coisas não podem nos impedir ou impedir que trabalhemos abundantemente.

Toda a Graça

Aqueles que são propensos ao pecado do orgulho conhecem o

126

grande perigo de trabalhar em parceria com Deus. É fácil enfatizar o que achamos que fizemos ou levar todo o crédito pelas coisas gloriosas que Deus faz quando os crentes trabalham com Ele. Podemos ser como uma pulga que anda nas costas de um leão e se orgulha do fato de todos estarem assustados. Mas Paulo evita esse perigo ao entender um princípio importante sobre nossa parceria com Deus. Ele percebe que até mesmo o esforço que faz para crescer em retidão é resultado da graça de Deus. Seu trabalho árduo não é produto de seus próprios esforços, mas o resultado da graça de Deus produzindo frutos nele. Paulo escreve: *"Trabalhei muito mais do que todos eles, todavia não eu, mas a graça de Deus que está comigo"* (1 Coríntios 15:10). Paulo não se vangloria de seu trabalho nem leva o crédito pelo que fez em parceria com Deus, pois percebe que é somente por causa da obra da graça que ele estava disposto e era capaz de fazer o trabalho.

Também não podemos nos vangloriar do que fazemos em parceria com Deus, porque Ele fornece a graça que nos permite cumprir nossa parceria. Tudo o que Ele espera de nós na vida cristã, Ele fornece a maneira de cumprir essa expectativa por meio de Sua graça. E o que Deus espera de nós sem a graça? Uma coisa: fracasso total! Deus nunca pretendeu que fôssemos capazes de obedecê-Lo, fazer boas obras e servi-Lo ou à Sua igreja sem o poder transformador da graça. Ele não espera nenhum desempenho do homem até que ele creia Nele e receba a graça que torna possível uma vida piedosa.

Agora podemos ver que qualquer falha no cumprimento de nossos deveres ao trabalhar em parceria com Deus é essencialmente uma falha em receber e se apropriar da graça de Deus. A graça nos dá o desejo, a capacidade e os recursos para trabalhar arduamente e, quando deixamos de fazer isso, é porque não nos apropriamos da graça de Deus pela fé para esse propósito específico. Nosso crescimento, boas obras e serviço na vida cristã são apenas obras da graça, do começo ao fim, e trabalhar com a graça é vital para uma vida frutífera.

O apelo de Paulo

Nessa breve passagem de 1a Coríntios, Paulo esclarece o entendimento e a experiência da graça para o cristão. Em primeiro lugar, é importante ver que, se as pessoas vão mudar, isso só pode ocorrer por meio do poder da graça. A lei nos diz claramente o que devemos ser, mas a lei não tem poder para nos ajudar a mudar. A verdadeira mudança vem somente por meio da graça. Em segundo lugar, entendemos que a graça é um dom gratuito, mas pode ser recebida em vão. Se o recebimento da graça não gerar um espírito de obediência, boas obras e um desejo de servir a Deus e ao próximo, então a graça foi recebida em vão, não foi recebida da forma correta. Para garantir que a graça não seja recebida em vão, Deus deseja que trabalhemos intensamente em parceria com Ele para realizar Sua obra em nossa vida e no mundo. Por fim, Paulo freia nosso orgulho ao apontar que até mesmo nossa colaboração com Deus é resultado de Sua graça.

O grande desejo de Paulo para os coríntios é que eles não sejam aqueles que recebem a graça de Deus em vão. O Espírito Santo não apenas falou aos coríntios por meio de Paulo, mas também está falando conosco. Precisamos entender e agir de acordo com a exortação de Paulo a cada cristão: *"Como cooperadores de Deus, insistimos com vocês para não receberem em vão a graça de Deus."* (2 Coríntios 6:1).

Capítulo Dez

Caindo da Graça

Vocês que procuram ser justificados pela lei se separaram de Cristo; caíram da graça. (Gálatas 5:4)

As antigas lendas sobre deuses e deusas da Roma e da Grécia antigas não mostram que eles eram especialmente morais ou justos. Zeus, Apolo, Poseidon e outros eram frequentemente conhecidos por suas mentiras, trapaças, imoralidade sexual e crueldade. Portanto, uma pessoa poderia ser religiosa na Roma antiga e ainda assim ser bastante imoral, simplesmente por seguir o padrão de seus deuses. Isso nos lembra que as pessoas religiosas não necessariamente têm ou praticam um padrão moral elevado. Vemos um nível de conduta muito mais elevado no Antigo Testamento, mas até mesmo a vida dos grandes patriarcas estava repleta de pecados e falhas morais. Abraão mentiu abertamente, Isaque traiu, Moisés cometeu assassinato e Davi cometeu adultério e assassinato. Ficamos impressionados com o que Deus fez com esses homens e como Ele os usou como influência para a piedade. Mas também vemos que, mesmo que esses homens tivessem um alto padrão moral, eles também tinham dificuldade em manter esse padrão.

Quando comparado às religiões antigas, o cristianismo oferece um forte contraste. Os deuses do Olimpo eram reconhecidamente imorais, e os heróis do judaísmo não conseguiam viver de acordo com o que sabiam ser o certo. Em contraste, a figura essencial do cristianismo era um homem completamente sem pecado. Jesus Cristo era absolutamente puro e completamente perfeito de acordo com os mais rigorosos padrões morais já estabelecidos - os de Deus. Jesus nunca pecou em palavras, ações ou pensamentos. Somente Ele podia dizer: *"Faço sempre o que é do agrado de Deus [o Pai]"* (João 8:29). Ninguém além de Jesus poderia enfrentar Seus inimigos implacáveis e perguntar: *"Qual de vocês pode me acusar de algum pecado?"* (João 8:46). O fato de Jesus Cristo, nosso grande exemplo e modelo, estar completamente livre de qualquer imperfeição moral ou espiritual representa um grande desafio para aqueles que são chamados a se conformar à Sua imagem.

No entanto, a perfeição de Jesus também pode ser uma pedra de tropeço para nós, não porque deixamos de ver Sua natureza sem pecado, mas porque Sua vida perfeita leva alguns a pensar que o objetivo do cristianismo é a performance moral. Podemos pensar que fazer o que Jesus fez é mais importante do que permitir que Ele viva Sua vida em nós. Sabemos que os padrões morais são importantes para o cristianismo, mas será que eles são a coisa mais importante em nossa fé? E que relação a moralidade tem com a salvação?

Moralidade e Salvação

Uma vez ou outra, a maioria dos cristãos pensa sobre a relação entre moralidade e salvação. Geralmente pensamos nessa relação em termos de decidir quais comportamentos são apropriados para aqueles que afirmam ser seguidores de Jesus. Podemos olhar para aqueles que se dizem cristãos, mas fazem coisas que outros crentes consideram erradas e imorais. Alguns podem fumar, beber ou dançar; outros podem usar palavrões ou ser sexualmente imorais. Os pecados internos são ainda mais perigosos, como a cobiça, a luxúria e a inveja. Quando vemos cristãos professos que se corromperam moralmente, surge a pergunta: Uma falha na moralidade pode fazer com que os crentes percam a salvação?

Imagine alguém que afirma ser cristão, mas está profundamente atolado em pecado. Escolha a falha específica e o grau de desobediência para formar o exemplo hipotético em sua mente; não importa realmente o tipo ou o grau da falha moral. A pergunta mais importante é a seguinte: A falha moral pode fazer com que essa pessoa perca seu status de cristã?

O que alguns cristãos primitivos pensavam

Essa questão enfrentada pela comunidade cristã não é nova. Desde seus primórdios, a igreja tem se confrontado com a questão de como lidar com os cristãos que se corromperam moralmente.

Aqueles que compreendem a herança da Igreja têm orgulho de seus mártires. Olhamos para trás com admiração para aqueles crentes corajosos que sofreram ou até morreram por sua fé. No entanto, devemos admitir que houve muitos cristãos ao longo dos séculos que não se mantiveram firmes diante da perseguição. A igreja teve seus mártires e aqueles corajosos de professar a fé, mas também teve seus covardes.

Sabemos o que fazer com nossos mártires - nós os admiramos e honramos a memória de sua coragem. Mas e quanto aos covardes da Igreja? O que fazemos com os irmãos apóstatas que seguiram o caminho mais fácil?

Se esse não parece ser um problema importante para você, provavelmente é porque você nunca viveu em uma época de perseguição severa. Mas em outras épocas, essa era uma questão muito importante para a igreja.

Em meados do século III, os cristãos sofreram severa perseguição sob o comando do imperador romano Diocleciano. Muitos acharam fácil fazer concessões para salvar suas próprias vidas. Mas quando o período de perseguição terminou, eles queriam voltar à comunhão da igreja, como antes.

Alguns grupos disseram a esses crentes que haviam abandonado a fé anteriormente: "Podem voltar livremente. Apenas diga que está arrependido e tudo será restaurado". Essas igrejas se tornaram notórias por uma visão muito branda do pecado entre os cristãos, devido ao caminho fácil e indolor de restauração que ofereciam.

Outros cristãos se opuseram a essa visão casual do pecado. Eles foram para o extremo oposto e disseram que era impossível um cristão que havia abandonado a fé ser readmitido à salvação e à igreja.

Esses cristãos acreditavam sinceramente que apenas *um* arrependimento válido era permitido após o batismo. Em outras palavras, um cristão recém-batizado poderia pecar apenas uma vez de forma significativa e ainda assim ser perdoado. Depois de um pecado, eles acreditavam que Deus não aceitava mais aquele que pecou. Isso era particularmente verdadeiro em relação aos sete pecados capitais: idolatria, blasfêmia, assassinato, adultério, fornicação, falso testemunho e fraude. Se os cristãos fossem culpados de qualquer uma dessas coisas duas vezes após o batismo, nunca haveria esperança de salvação. Essa certamente não era a opinião unânime da igreja naquela época, mas era a crença convicta de alguns.

Alguns desses grupos durante esse período acreditavam nisso com tanta veemência que se separaram da igreja estabelecida (em parte ou totalmente) para protestar contra sua suposta brandura ao lidar com os crentes pecadores. Grupos como os montanistas, os novacianos e os donatistas achavam que a maioria dos outros cristãos era muito tolerante ao receber os crentes que haviam pecado e se desassociaram porque acreditavam em um padrão mais elevado.[67]

Hoje, a maioria de nós reconhece que os grupos que se separaram estavam errados. Entendemos que o sangue de Jesus Cristo é capaz de lavar a mancha de qualquer pecado, se o pecador genuinamente confessar e se arrepender. A maioria das pessoas concordaria com o caminho intermediário da disciplina, que a maioria dos cristãos usava para lidar com esses irmãos que haviam perdido a fé: Eles permitiam a restauração, mas exigiam algum tipo de confissão pública e arrependimento que fosse claramente demonstrado. Ao mesmo tempo, nos sentimos justificadamente ofendidos por qualquer pessoa que leve o título de "cristão" levianamente, sem perceber que o padrão moral para o qual Deus nos chama é elevado, puro e santo. Mas como podemos caminhar de forma equilibrada entre esses dois extremos? Como podemos entender a maneira correta de lidar com a falha moral na igreja?

Um exemplo bíblico

A melhor maneira é ver como os apóstolos lidavam com o pecado na igreja de sua época. Um dos exemplos mais diretos disso está em 1 Coríntios 5:1-5:

> *Por toda parte se ouve que há imoralidade entre vocês, imoralidade que não ocorre nem entre os pagãos, a ponto de alguém de vocês possuir a mulher de seu pai. E vocês estão orgulhosos! Não deviam, porém, estar cheios de tristeza e expulsar da comunhão aquele que fez isso? Apesar de eu não estar presente fisicamente, estou com vocês em espírito. E já condenei aquele que fez isso, como se estivesse presente. Quando vocês estiverem reunidos em nome de nosso Senhor Jesus, estando eu com vocês em espírito, estando presente também o poder de nosso Senhor Jesus Cristo, entreguem esse homem a Satanás, para que o corpo seja destruído, e seu espírito seja salvo no dia do Senhor.*

Esse é um exemplo claro de falha moral grave na igreja primitiva. Aqui temos um caso de incesto na assembleia de Corinto, um membro da igreja tendo relações sexuais com sua madrasta. Paulo sabia, assim como qualquer outra pessoa com um pingo de discernimento, que essa conduta não estava de acordo com o comportamento que Deus espera dos cristãos. Portanto, Paulo exigiu uma excomunhão disciplinar do homem que estava em pecado. Paulo esperava que os coríntios não mais se orgulhassem de sua suposta paciência e tolerância com esse homem, mas que imediatamente tomassem medidas para separá-lo da congregação.

Uma vez que o ofensor estivesse fora da proteção espiritual da comunidade do povo de Deus, ele estaria por conta própria no mundo, considerado o reino de Satanás. Dessa forma, ele seria entregue a Satanás. Mas observe porque Paulo disse que isso deveria ser feito. Em Seu pensamento, isso não deveria ser feito com o pensamento de que traria condenação ao homem; em vez disso, deveria trabalhar para sua salvação final.

As palavras de Paulo aos tessalonicenses nos ajudam a entender melhor essa estratégia para lidar com as pessoas da igreja que foram flagradas em pecado:

> *Se alguém não obedecer à nossa palavra por esta carta, marquem-no e não se associem com ele, para que se sinta envergonhado; contudo, não o considerem como inimigo, mas chamem a atenção dele como irmão.* (2 Tessalonicenses 3:14-15)

Vemos que, em ambos os casos, Paulo estava levando a sério o fato de lidar com o pecado dessas pessoas na igreja. Ao mesmo tempo, essa disciplina severa deveria ser praticada à luz do fato de que aqueles que estavam no erro ainda eram considerados da família de Deus (*"admoesta-o como a um irmão"*) e qualificados para a vida eterna (*"para que o seu espírito seja salvo no dia do Senhor Jesus"*). A questão é a seguinte: Paulo achava que, nesses casos específicos, a parte culpada deveria ser tratada de acordo com o rigoroso padrão moral da fé cristã, mas ele não achava que o fracasso moral significava a perda imediata da salvação.

Paulo dá outro exemplo de pecado grave na igreja apostólica:

> *Portanto, todo aquele que comer o pão ou beber o cálice do Senhor indignamente será culpado de pecar contra o corpo e o sangue do Senhor. Examine-se o homem a si mesmo, e então coma do pão e beba do cálice. Pois quem come e bebe sem discernir o corpo do Senhor, come e bebe para sua própria condenação. Por isso há entre vocês muitos fracos e doentes, e vários já dormiram. Mas, se nós nos examinássemos a nós mesmos, não receberíamos juízo. Quando, porém, somos julgados pelo Senhor, estamos sendo*

*disciplinados para que não sejamos condenados com
o mundo.* (1 Coríntios 11:27-32)

Nessa passagem, Paulo aborda um problema sério na igreja de Corinto. Parece que quando eles se reuniam para tomar a Ceia do Senhor e lembrar o sacrifício Dele, eles desonravam a cerimônia com sua má conduta. Eles celebravam a Ceia do Senhor durante um banquete do amor fraternal com toda a igreja, em que todos compartilhavam uma refeição comum e depois comungavam juntos. Mas não havia uma atitude adequada de amor e compartilhamento entre os crentes nesses jantares, e alguns ficavam empanturrados e outros iam para casa com fome. Paulo disse que esse tipo de egoísmo desonrava o princípio da Ceia do Senhor. A situação era tão séria que, no processo de correção do problema, Deus levou alguns deles para o céu. Ou seja, alguns dos coríntios estavam doentes ou até mesmo mortos (*"e muitos dormem"*) porque Deus determinou que aqueles crentes haviam ultrapassado seu propósito na Terra. Essa foi uma grave violação dos padrões morais de Deus.

No entanto, observe novamente que, mesmo no caso daqueles que morreram fisicamente por causa de seus pecados, Deus não fez isso para condenar os culpados, mas para salvá-los. O propósito de Seu julgamento severo foi garantir que aqueles que cometeram erros graves não fossem *condenados com o mundo*. Portanto, vemos que, mesmo nesse caso de falha moral na igreja, Paulo não presumiu que a parte culpada havia perdido a salvação. Em vez disso, ele reconheceu que a mão de Deus trabalhou para ajudar a garantir essa salvação.

Recebendo a Graça

Ninguém pode ler o Novo Testamento sem ficar impressionado com os padrões morais do cristianismo. No entanto, a essência do cristianismo não é a busca ou a obtenção de um padrão moral. Como disse Paulo: *"Porque o reino de Deus não consiste em comida e bebida, mas em justiça, e paz, e alegria no Espírito Santo"*. (Romanos 14:17). A essência do cristianismo é um relacionamento vivo com Deus por meio de Jesus Cristo com base no princípio da graça.

Ver isso nos ajuda a entender o que significa perseverar até o fim na vida cristã. Tanto os calvinistas quanto os arminianos concordam que a verdadeira conversão é comprovada pela perseverança. Lembramos a parábola de Jesus sobre o semeador (Mateus 13:1-9, 18-23), em que as sementes verdadeiramente frutíferas foram aquelas que permaneceram. Algumas cresceram rapidamente, mas depois murcharam ou foram sufocadas por ervas daninhas. Nessa parábola, Jesus ilustrou que o verdadeiro cristianismo é comprovado pela perseverança.

No entanto, muitas vezes entendemos mal a questão central da perseverança - que *devemos perseverar na graça*. Podemos facilmente cair no erro de considerar a perseverança apenas em termos de continuar nas *obras* e no *comportamento moral*. Isso é importante, mas devemos primeiro cuidar para que continuemos na graça.

O Novo Testamento fala muito sobre essa questão de continuar na graça. Lembre-se de que, do ponto de vista de Deus, a graça nunca pode falhar. Ele nunca revoga Sua graça nem coloca uma condição prévia de valor ou mérito naqueles que a recebem pela fé. No entanto, o Novo Testamento indica que a falha em receber a graça pode ocorrer por parte do homem. Como Paulo escreveu em Gálatas 1:6-7:

> *Admiro-me de que vocês estejam abandonando tão rapidamente aquele que os chamou pela graça de Cristo, para seguirem outro evangelho que, na realidade, não é o evangelho. O que ocorre é que algumas pessoas os estão perturbando, querendo perverter o evangelho de Cristo.*

Paulo tem em mente o perigo real de se afastar do evangelho da graça, que traz a salvação. Mais tarde, ele escreveu aos gálatas:

> *Foi para a liberdade que Cristo nos libertou. Portanto, permaneçam firmes e não se deixem submeter novamente a um jugo de escravidão. Vocês, que procuram ser justificados pela lei, separaram-se de Cristo; caíram da graça.* (Gálatas 5:1, 4)

Paulo estava bastante preocupado com o fato de que alguns na igreja da Galácia estavam correndo o risco de cair da graça. Mas o que significa cair da graça?

Considerando o que todo o Novo Testamento diz sobre a graça, podemos dizer que cair da graça não significa que, se um cristão pecar, ele cai instantaneamente da graça e corre o risco de perder a salvação. As promessas das Escrituras são claras: se houver arrependimento, o pecado nos leva à graça (se a recebermos) porque a graça é para os pecadores! A aceitação e a aprovação da graça não são reservadas para os poucos que conseguem viver de acordo com um padrão alto e elevado. Ela é concedida gratuitamente, sem considerar o mérito ou demérito de quem a recebe, mas tendo em vista a obra completa de Jesus no Calvário.

Cair da graça é deixar de lado a graça como o princípio pelo qual nos conectamos a Deus e escolher outro princípio em seu lugar. Se negarmos nosso direito de nos relacionarmos com Deus com base no princípio da graça, adotaremos o princípio do legalismo para estabelecer essa conexão. No legalismo, nosso relacionamento com Deus depende de nossas obras em vez da obra de Deus. O legalismo pode se promover sob o pretexto de uma preocupação genuína em manter o padrão moral de Deus, mas, em sua raiz, ele comunica que a obra de Jesus não é suficiente. O legalista acredita que a obra de Jesus só tem valor se for associada às obras do crente. Muitos que adotam o legalismo não pensam nisso com esse nome; eles simplesmente acham que é uma abordagem em relação a Deus que faz mais sentido. Pode fazer sentido para a carne ou para o homem natural, mas não faz sentido para o crente que anda no Espírito, que abraça a graça com alegria.

Abandonar a graça é concordar com qualquer sistema no qual a obra salvadora de Jesus é substituída, em parte ou totalmente, pela obra do homem. Entretanto, entenda que ninguém cai da graça da noite para o dia. Rejeitar verdadeiramente a graça como nosso princípio de lidar com Deus requer uma rejeição determinada do plano e da revelação de Deus, e isso só pode acontecer em um longo período.

Esse perigo de cair da graça ajuda a explicar as muitas exortações do Novo Testamento para continuar na graça:

Paulo e Barnabé conversavam com eles, recomendando-lhes que continuassem na graça de Deus. (Atos 13:43)

Eles tinham sido recomendados à graça de Deus. (Atos 14:26)

Paulo escolheu Silas e partiu, encomendado pelos irmãos à graça do Senhor. (Atos 15:40)

Agora, eu os entrego a Deus e à palavra da sua graça, que os pode edificar e dar a vocês herança entre todos os que são santificados. (Atos 20:32)

Portanto, você, meu filho, fortifique-se na graça que há em Cristo Jesus. (2 Timóteo 2:1)

Esforcem-se para viver em paz com todos e para serem santos; sem santidade ninguém verá o Senhor. Cuidem que ninguém se exclua da graça de Deus. Que nenhuma raiz de amargura brote e cause perturbação, contaminando a muitos. (Hebreus 12:14-15)

Cresçam, porém, na graça e no conhecimento de nosso Senhor e Salvador Jesus Cristo. A ele seja a glória, agora e para sempre! Amém. (2 Pedro 3:18)

O tema é constantemente enfatizado: continue na graça, seja confiado (recomendado) à graça, seja forte na graça, não fique aquém da graça e cresça na graça. Não é de se admirar que Paulo estivesse tão preocupado com aqueles que estavam em perigo de cair da graça!

O Grande Debate

Isso significa que, se uma pessoa caiu da graça, ela perdeu a salvação? É aqui que voltamos ao grande debate entre calvinistas e arminianos. Um lado diz: "Uma vez salvo, sempre salvo", e o outro lado diz: "É possível perder a salvação". Alguns acham que as advertências de Paulo são a prova certa de que alguém pode cair da graça e perder a salvação. Outros acham que Paulo simplesmente usou uma advertência dramática e que é impossível que alguém que tenha realmente recebido a graça salvadora caia dela. Outros ainda acreditam que aquele que cai da graça simplesmente perde as bênçãos nesta vida, mas não na vida eterna.

Seja qual for a sua perspectiva sobre a segurança da salvação do crente, podemos nos unir na crença de que continuar na graça é essencial para perseverar até o fim na vida cristã. Essa perseverança na graça não é uma questão secundária a ser tratada depois de nos certificarmos de que estamos cumprindo um padrão moral; ela é absolutamente fundamental para seguir Jesus. Entendemos que não é suficiente continuar com as boas obras ou com a moralidade; nunca devemos ficar aquém da graça.

Como Você Sabe?

Como podemos saber se estamos nos afastando da graça? Essa é uma daquelas áreas da vida cristã em que o que importa é a atitude do nosso coração. O abandono da graça acontece primeiro no coração, e não podemos dizer com certeza quando isso acontece em outra pessoa. No entanto, podemos procurar sinais em nós mesmos que possam indicar que estamos falhando em continuar na graça.

Uma característica frequente naqueles que se afastam da graça é o *orgulho*. A graça e o orgulho são inimigos comuns. Quando caímos da graça em uma atitude de legalismo, logo começamos a pensar que *ganhamos* as bênçãos que Deus dá. No legalismo, os principais temas são ganhar e merecer, em vez de crer e receber. Isso geralmente alimenta um orgulho santo que tem uma satisfação presunçosa com o fato de vivermos bem para Deus. É provável que o legalista receba o crédito por qualquer realização espiritual percebida, enquanto o crente que continua na graça fica feliz em dar a Deus toda a glória.

Outra característica daqueles que são instáveis na graça é a *insegurança*, pois quando nos relacionamos com Deus de forma legalista, só sentimos Sua aprovação ou aceitação quando nosso desempenho está à altura. Spurgeon considerou o poder de manutenção da graça de Deus em um sermão:

> "Pela graça de Deus", não apenas somos o que somos, mas também continuamos sendo o que somos. Há muito tempo deveríamos ter sido arruinados e condenados, se Cristo não tivesse nos preservado por Sua graça Todo-Poderosa.[68]

Sob a graça, nosso relacionamento com Deus se baseia em quem Ele é e no que Ele fez por nós. No legalismo, nosso relacionamento com Deus se baseia em quem somos e no que fazemos por Ele.

Aqueles que correm o risco de cair da graça geralmente apresentam uma *atitude de autossuficiência*. Os legalistas acham que os recursos para a santidade estão dentro deles mesmos e que tudo o que precisam fazer é olhar para dentro e se esforçar mais. Essa atitude influencia o relacionamento do legalista com os outros, porque ele não está convencido da necessidade de contar com o apoio e o cuidado de outros cristãos. Infelizmente, com essa ênfase na autossuficiência, a pessoa que se afasta da graça geralmente é derrotada e desanimada por dentro, apesar de que pareça feliz e vitoriosa por fora.

Por fim, a pessoa que não se relaciona adequadamente com a graça geralmente apresenta uma frieza geral em seu coração e em sua vida, porque não se conecta com Deus da maneira que Ele determinou. A verdadeira alegria da comunhão com Deus só pode vir quando somos obedientes ao plano de Deus e reconhecemos a soberania de Seu sistema de graça.

Há uma característica adicional daquele que está caindo da graça, mas ela deve ser vista no contexto. A maioria das pessoas pensam no fracasso moral como o principal sinal de afastamento da graça, mas o fracasso moral evidente pode ou não estar presente naquele que se afasta da graça. Lembre-se de que os legalistas de Gálatas 5:4 eram muito morais, pelo menos na aparência, mas Paulo alertou sobre o fato de eles terem caído da graça. Quando alguém que afirma ser cristão não cumpre o padrão moral para o qual foi chamado, isso pode indicar que está se afastando da graça, mas nem sempre é esse o caso. O ponto essencial é que a falha moral é um *sintoma* naquele que se afasta da graça; o afastamento é a *raiz*. Ao guiar essa pessoa de volta a Jesus, é importante tratar tanto a causa quanto o sintoma. Muitas pessoas simplesmente tratam dos sintomas, ou seja, da falha moral. Elas deixam de falar sobre a necessidade de a pessoa que está caída *abraçar a graça de Deus* como o princípio dominante de seu relacionamento com Deus e de toda a sua vida.

Continuando na Graça

Também é importante reconhecer as marcas daquele que continua na graça. Como é a vida dessa pessoa?

Primeiro, eles demonstram uma humildade genuína porque reconhecem que Deus fez o trabalho. Sob a graça, percebemos que não recebemos o crédito, e nossa vida é marcada por uma paz maravilhosa, pois sabemos que Deus é fiel mesmo se tropeçarmos. Nossa própria salvação se baseia no que Deus fez por nós e em nós, não no que nós mesmos fizemos. Aqueles que continuam na graça mostram que confiam em Deus e não em si mesmos, e confessam abertamente sua necessidade de ouvi-Lo. Eles também têm uma ousadia distinta na vida e no ministério, entendendo que Deus os aceita por causa de quem Ele é e não por causa de quem eles são. Eles sabem que basta que Deus os aceite e os aprove. Eles reconhecem que sua salvação não está em perigo se por acaso falharem, por isso estão livres para viver corajosamente para Jesus. Mais notavelmente, e ao contrário do que o legalista pensa, ao continuarmos na graça, temos o poder de viver uma vida vitoriosa e frutífera.

À luz da verdade de Paulo, vemos que muitos cristãos se concentram na coisa errada quando buscam a certeza de sua salvação. A verdadeira segurança não pode ser medida pelo desempenho moral (embora ele seja importante e não possa ser ignorado). A melhor medida é se estamos ou não continuando na graça. Se nos concentrarmos apenas no desempenho moral, corremos o risco de ter um espírito legalista que parece bom por fora, mas que na verdade rejeita a verdade de Deus e se afasta de Seu plano de graça. A verdadeira certeza da salvação vem do fato de continuarmos diligentemente no plano de graça de Deus e reconhecermos que, ao fazermos isso, teremos as ferramentas adequadas necessárias para cumprir os elevados padrões morais do cristianismo.

Capítulo Onze

Graça que nos Ajuda

Assim sendo, aproximemo-nos do trono da graça com toda a confiança, a fim de recebermos misericórdia e encontrarmos graça que nos ajude no momento da necessidade.
(Hebreus 4:16)

Nos capítulos 4 e 5 de Apocalipse, o apóstolo João tem uma experiência incrível, sendo levado ao céu de alguma forma e vendo o trono de Deus. Se você ler esses capítulos e sublinhar a palavra trono cada vez que ela for usada, verá que João parece quase obcecado pelo trono de Deus e por Aquele que está sentado nele. Tudo no céu é descrito em relação ao trono de Deus.

Um dia, cada cristão verá esse trono, e não há como descrever com precisão a experiência deste lado da eternidade.

Podemos ter uma ideia mínima de como seria se a compararmos com a experiência moderna de conhecer um rei, uma rainha ou uma celebridade famosa. Imagine como você se sentiria ansioso ao caminhar pelo corredor de um palácio imponente e ser conduzido à presença da Rainha da Inglaterra. A maioria de nós ficaria tão nervosa que seria difícil aproveitar a experiência. No entanto, o nervosismo - a sensação de admiração ou pavor - não seria nada comparado ao que será ver nosso Grande Rei em Seu trono celestial. Qualquer comparação terrena não pode começar a ilustrar como será.

O mais próximo que podemos chegar de entender o grande trono de Deus é estudar com cuidado e em espírito de oração o que a Bíblia diz sobre ele. Esse é um assunto mencionado muitas vezes no Antigo Testamento.

- *A retidão e a justiça são os alicerces do teu trono; o amor e a fidelidade vão à tua frente.* (Salmo 89:14)

- *Deus está assentado no seu santo trono.* (Salmo 47:8)

- *Não desonres o teu trono glorioso.* (Jeremias 14:21)

A partir desses versículos, podemos imaginar um trono branco reluzente, cheio de glória, mas não necessariamente um lugar onde somos bem-vindos. Várias vezes os discípulos de Jesus caíram a Seus pés quando Ele mostrou um pequeno vislumbre de Sua glória. Como poderíamos nos apresentar diante do Rei do Céu entronizado, sentado em seu trono justo, santo e glorioso? É quase como se a intensa luz de Sua santidade e glória destruísse qualquer um que entrasse em Sua presença.

Devemos ser gratos pelo fato de a carta aos cristãos hebreus nos falar mais sobre o trono de Deus e nos convida - até mesmo nos *ordena* - a ir ao Seu trono. É um trono de julgamento santo, mas também é um trono de graça. O Antigo Testamento retrata o trono de Deus em imagens que podem nos fazer querer ficar longe dele. De fato, os antigos rabinos do judaísmo ensinavam que Deus tinha *dois* tronos - um de misericórdia e outro de julgamento. Eles diziam isso porque sabiam que Deus era misericordioso e justo, mas não conseguiam entender como esses dois aspectos poderiam ser combinados em um só. Se eles não podiam ser reconciliados, então talvez Deus tivesse dois tronos para mostrar os dois aspectos de Seu caráter. Em um trono, Ele mostraria Seu julgamento e, no outro, mostraria Sua misericórdia.

Felizmente, de nossa perspectiva deste lado da cruz, vemos a misericórdia e o julgamento reconciliados em um único trono de graça. O trono de Deus não se transforma em um trono de graça, mas desde a obra de Jesus na cruz, ele agora pode ser revelado como um trono de graça e permanecer consistente com a justiça, o julgamento, a santidade e a glória de Deus. Essa é uma lição poderosa, que nos mostra que a graça não é uma questão de Deus simplesmente ignorar nosso pecado e decidir esquecer a punição. Em vez disso, a graça é Deus agindo com justiça em vista da cruz. Alexander Maclaren falou eloquentemente sobre o significado do trono da graça:

> Independentemente de qualquer outra coisa que possa existir na natureza divina, o elemento soberano dominante na Divindade de Deus é o amor imerecido, a misericórdia e a bondade para conosco, criaturas pobres, ignorantes e pecadoras, que continuam a se espalhar por todo o mundo. Deus é Rei, e o que há de realeza em Deus é a graça infinita.[69]

Portanto, quando nos aproximamos desse trono, viemos oferecer tributo ao nosso Rei, mas também viemos receber Seu grande presente real de *"graça que nos ajude no momento da necessidade"* (Hebreus 4:16).

Socorro!

O escritor de Hebreus nos diz que encontramos ajuda no trono da graça e que precisamos da ajuda de Deus. Uma das palavras mais tristes da nossa língua é *"desamparado"*, que descreve alguém que está sem ajuda ou além da possibilidade de ajuda. É triste estar desamparado, mas é glorioso ter livre acesso ao trono da graça, onde a *graça que nos ajuda* é dada gratuitamente. Quando compreendemos nossa necessidade dessa ajuda - que somos todos tão indefesos quanto uma tartaruga de barriga para cima - chegamos ao ponto em que podemos receber algo do trono da graça. Podemos chegar a esse ponto por causa de circunstâncias angustiantes ou por causa da obra interior do Espírito Santo que nos persuade de nossa necessidade de Deus. De uma forma ou de outra, Deus nos convence de nossa necessidade para que possamos responder buscando a ajuda da graça.

É maravilhoso que encontremos *ajuda* no trono de Deus em nossos *momentos de necessidade*. Não encontramos meros conselhos ou simpatia; encontramos ajuda divina em nossos momentos de necessidade. Deus sabe exatamente como ajudar melhor aqueles que têm necessidades, e Ele adora trabalhar por meio da graça para atender a essas necessidades. Mesmo que muitas pessoas pensem que a Bíblia ensina que "Deus ajuda aqueles que se ajudam a si mesmos", você nunca encontrará essa afirmação nas Escrituras. Na verdade, esse provérbio foi publicado no *Poor Richard's Almanac* de 1736, de Benjamin Franklin, e, do ponto de vista bíblico, deveria ser alterado para "Deus ajuda aqueles que se aproximam pela fé do trono da graça para encontrar graça para ajudar em tempos de necessidade".

Quando precisamos de ajuda, precisamos dela no momento certo. A ajuda inoportuna não é útil. O exército na batalha não precisa da cavalaria antes ou depois do ataque, mas sim no momento certo. O escritor aos Hebreus teve o cuidado de salientar que encontramos ajuda no momento da necessidade. A frase *"ajuda em tempo de necessidade"* é traduzida literalmente como "ajuda oportuna" ou "ajuda no momento exato". Felizmente, temos um Deus que é mais fiel do que a cavalaria, o ou o herói da televisão que aparece no momento certo semana após semana. Deus não apenas sabe de que ajuda precisamos, mas também sabe exatamente quando precisamos dela. A maioria de nós já esperou em Deus por alguma coisa e ficou desapontado por achar que Ele demorou demais para nos ajudar, mas depois viu que Ele estava no momento certo.

Podemos ter certeza de que a ajuda que Deus nos dá é mais do que suficiente para atender às nossas necessidades. Ele dá de acordo com Suas riquezas e glória, e Sua ajuda é abundante e farta. Ele não é mesquinho com a ajuda quando precisamos dela.

Conta-se a história de um menino que foi ao mercado da esquina fazer compras com sua mãe. O dono da mercearia queria ser gentil com a família, então convidou o menino a pegar um punhado de cerejas. No entanto, o menino parecia hesitante.

"Você não gosta de cerejas?", perguntou o dono
da mercearia. "Claro", respondeu o menino.

O dono da mercearia, então, pegou um grande punhado de cerejas e as despejou nas mãos estendidas do garoto. Mais tarde, sua mãe perguntou por que ele não havia aceitado as cerejas quando foi primeiramente oferecido.

Ele rapidamente respondeu: "Porque suas mãos eram maiores do que as minhas!"

Quando pedimos ajuda a Deus, Ele mede a oferta de acordo com *Sua* glória e majestade. Ele dá de acordo com o que Ele é e não de acordo com o que nós somos. Ele é um grande Deus, que gosta de dar grandes presentes àqueles que pedem e confiam Nele.

Observe o que nos ajuda em nossos momentos de necessidade: a graça de Deus. Essa graça que Deus concede nos ajuda de maneiras específicas. Não se trata apenas de um Band Aid místico que Deus nos dá em nossos momentos de necessidade. Ainda que a plenitude da ajuda da graça esteja além de nossa capacidade de listar ou descrever, o Novo Testamento relata várias coisas práticas que a graça nos ajuda a fazer. Mas antes de listá-las, vamos nos lembrar novamente do que é a graça - o amor e o favor imerecidos de Deus que Ele derrama sobre aqueles que se achegam a Ele por meio da fé em Seu Filho.

Como a Graça Nos Ajuda

Uma das formas mais importantes de ajuda da graça é que ela nos ajuda a obedecer a Deus. Como vimos anteriormente, Paulo disse que uma das razões pelas quais a graça é recebida é para que possamos obedecer.

> *Por meio dele e por causa do seu nome, recebemos*
> *graça e apostolado para chamar dentre todas as*

nações um povo para a obediência que vem pela fé.
(Romanos 1:5)

Nós *precisamos* de ajuda para sermos cristãos obedientes. Nunca é fácil perseverar na obediência, e aqueles que lutam arduamente para obedecer reconhecem que precisam de toda a ajuda que puderem obter. A graça entra em cena e nos ajuda a obedecer de várias maneiras. Ela nos ajuda a obedecer quando tira nossos olhos de nós mesmos e coloca nossa visão de volta em Jesus. Sob a graça, percebemos que não há nada em nós que possa merecer o favor de Deus, e sabemos que todas as nossas esperanças e expectativas devem estar em Jesus e não em nós mesmos. A graça também nos ajuda a obedecer porque muda nossa motivação para a obediência. Sob a graça, não sentimos necessidade de ganhar o favor e a aprovação de Deus, então obedecemos por gratidão em vez de tentar pagar uma dívida.

Outra maneira pela qual a graça nos ajuda a obedecer é que ela nos ensina como agradar a Deus - e como agradá-Lo pelos motivos certos:

Porque a graça de Deus se manifestou salvadora a todos os homens. Ela nos ensina a renunciar à impiedade e às paixões mundanas e a viver de maneira sensata, justa e piedosa nesta era presente.
(Tito 2:11-12)

Se realmente quisermos agradar a Deus com nossa obediência, devemos nos matricular em Sua escola da graça e permitir que a graça nos ensine a obedecê-Lo. Observe que a mesma graça que traz a salvação também nos instrui sobre o modo de viver piedoso. Não podemos receber a salvação da graça sem o ensino da graça, que nos instrui na obediência.

Outra maneira pela qual a graça nos ajuda é em nossa adoração. Paulo considerava que um coração cheio de graça era essencial para uma adoração que agradasse a Deus: Ele disse:

Habite ricamente em vocês a palavra de Cristo; ensinem e aconselhem-se uns aos outros com toda

a sabedoria, e cantem salmos, hinos e cânticos
espirituais com gratidão a Deus em seus corações.
(Colossenses 3:16)

A adoração é uma atividade aprendida. Nossa adoração a Deus é tão rica quanto nossa apreciação de quem Ele é e do que Ele fez por nós. Se não conhecermos a natureza e a obra da graça, não poderemos adorar em sua plenitude. O conhecimento da graça por meio da experiência afetará radicalmente a nossa adoração, proporcionando-nos uma gratidão reverente a Deus. Os crentes que andam na graça adoram livremente porque são capazes de colocar seu foco completamente em Jesus e não em si mesmos.

Uma área que frequentemente precisa da ajuda da graça é a maneira como falamos. É sempre fácil dizer coisas que destroem os outros em vez de edificá-los. Palavras sarcásticas, críticas e desrespeitosas parecem fluir facilmente de nossa língua. No entanto, o Novo Testamento nos diz que Deus ordenou a graça para nos ajudar a falar corretamente, de forma a glorificá-Lo:

O seu falar seja sempre agradável e temperado com
sal, para que saibam como responder a cada um.
(Colossenses 4:6)

Quando realmente recebemos a graça, não podemos deixar de ser doadores do amor e do favor imerecidos de Deus aos outros. Podemos ser canais do favor imerecido de Deus pelo que dizemos. O que faremos? Falaremos palavras que expressem nosso amor incondicional e aceitação dos outros ou diremos (ou daremos a entender) que nosso amor depende do desempenho deles? Quando nossas palavras forem temperadas com graça, teremos o desejo e a capacidade de falar palavras que tragam conforto, segurança e encorajamento. Edificaremos os outros com o que dissermos, em vez de derrubá-los.

A graça nos ajuda a dizer o que deve ser dito em outras situações também. Quando somos colocados em circunstâncias em que temos a oportunidade de defender nossa fé, a graça pode nos ajudar a falar da maneira que deveríamos, assegurando-nos da aprovação permanente de Deus. Portanto, podemos falar com ousadia, sem um coração que implora pela aprovação do homem. Podemos ser livres para dizer a verdade em amor, porque, ainda que os outros nos rejeitem, estamos confiantes na aceitação de Deus.

A graça também nos ajuda a servir a Deus de maneira aceitável, como lemos em Hebreus 12:28:

> Portanto, já que estamos recebendo um Reino inabalável, sejamos agradecidos e, assim, adoremos a Deus de modo aceitável, com reverência e temor.

Uma das principais maneiras pelas quais a graça nos ajuda a servir a Deus é que ela nos leva a servi-Lo com a motivação adequada. Sob a graça, reconhecemos a justiça de Deus e O servimos por gratidão, em vez de orgulhosamente nos parabenizarmos pelas coisas boas que fazemos para Ele. Servir com base em um desejo de ganhar o favor do Senhor não é um serviço aceitável. Também é errado fazer coisas para Deus pensando que Ele será obrigado a fazer algo por nós. Essa atitude ofende a verdade e a glória de Deus porque, se acharmos que podemos colocá-Lo em dívida por meio de nosso serviço a Ele, então nosso serviço não é aceitável à Sua vista.

Paulo tinha a perspectiva correta em seu serviço para Deus. Ele sabia que seu ministério era uma capacidade dada pela graça:

> Deste me tornei ministro pelo dom da graça de Deus, a mim concedida pela operação de seu poder. Embora eu seja o menor dos menores dentre todos os santos, foi-me concedida esta graça de anunciar aos gentios as insondáveis riquezas de Cristo. (Efésios 3:7-8)

Seja qual for a maneira como você serve entre o povo de Deus (e todos são chamados a servir de alguma forma), certifique-se de que seu trabalho seja feito sob a motivação e a capacitação da graça. Se não for dirigido pela graça, então talvez seu serviço não seja aceitável para Deus.

A graça também nos ajuda a nos tornarmos doadores. É fácil para muitos cristãos deixarem Jesus ser o Senhor de tudo, exceto de suas finanças. Entregar nossa vida financeira a Jesus raramente é fácil, e precisamos ser instruídos e auxiliados pela graça para que possamos aprender a doar com alegria:

> *Assim, recomendamos a Tito, visto que ele já havia começado, que completasse esse ato de graça da parte de vocês. Todavia, assim como vocês se destacam em tudo: na fé, na palavra, no conhecimento, na dedicação completa e no amor que vocês têm por nós, destaquem-se também neste privilégio de contribuir. E Deus é poderoso para fazer que lhes seja acrescentada toda a graça, para que em todas as coisas, em todo o tempo, tendo tudo o que é necessário, vocês transbordem em toda boa obra.* (2 Coríntios 8:6-7, 9:8)

A graça de que Paulo fala nessa passagem é a graça que nos leva a sermos doadores. Paulo incentivou os cristãos de Corinto a doarem generosamente para o benefício dos cristãos pobres e famintos de Jerusalém. Afinal de contas, eles eram abundantes em fé, palavras, conhecimento, diligência e amor; agora era hora de eles também serem abundantes em sua capacidade de dar.

A graça nos ensina a doar com uma atitude correta. Quando Jesus falou sobre a viúva que deu suas duas moedas, Ele mostrou que não é o quanto damos que impressiona a Deus, mas sim a nossa atitude ao dar que Lhe interessa. Não podemos dar com o coração certo se não percebermos que dar deve ser uma obra da graça. Isso não se aplica apenas às doações financeiras, mas a todo tipo de doação.

A doação sacrificial de Jesus - dando tudo o que Ele tinha e tudo o que Ele era - demonstrou Sua incrível graça para com o homem. Ele estava disposto a dar tudo, e a dar livremente para o benefício de todos que pudessem receber. Quando recebemos essa graça e a compreendemos, não podemos deixar de responder, tornando-nos nós mesmos doadores. A pessoa mesquinha tem medo de dar demais, mas a pessoa cheia da graça sabe que, por causa da graça, nunca dará mais do que Deus já lhe deu. A demonstração da graça de Deus em Cristo mostra que Ele é o doador supremo.

Uma das maneiras mais significativas pelas quais a graça nos ajuda é construir um coração firme dentro de nós. O escritor de Hebreus destaca isso:

> *Não se deixem levar pelos diversos ensinos estranhos. É bom que o nosso coração seja fortalecido pela graça, e não por alimentos cerimoniais, os quais não têm valor para aqueles que os comem.* (Hebreus 13:9)

Doutrinas estranhas frequentemente se espalham pela igreja, o que torna ainda mais importante que nosso coração seja firmado pela graça. Paulo advertiu:

> *Pois virá o tempo em que não suportarão a sã doutrina; pelo contrário, sentindo coceira nos ouvidos, seguindo os seus próprios desejos juntarão mestres para si mesmos. Eles se recusarão a dar ouvidos à verdade, voltando-se para os mitos.* (2 Timóteo 4:3-4)

Certamente parece que já estamos nesse tempo que o versículo menciona e, com nossa ampla comunicação global, é impressionante a rapidez com que o engano pode se espalhar por todo o mundo. No entanto, se firmarmos nosso coração com a graça, isso fará com que tenhamos menos "coceira nos ouvidos" e nos tornará menos propensos a nos desviarmos para mitos. A graça, quando aplicada biblicamente na vida do crente, tem uma capacidade notável de firmar o coração daquele que a recebe. Chegar a Deus com base no princípio da graça (em oposição à lei) nos dá a paz e a segurança de saber que a salvação e as bênçãos não são conquistadas, mas dadas e recebidas gratuitamente por meio da fé genuína.

Andar na graça nos mantém no caminho correto em termos doutrinários e evita que nosso coração vá atrás de "doutrinas estranhas". A compreensão do favor imerecido de Deus também nos ajuda a testar essas doutrinas estranhas, porque os ensinamentos falsos geralmente rejeitam o ensino bíblico da graça. Por exemplo, alguns ensinamentos falsos promovem a ideia de que a salvação resulta das obras *e* da graça, e que devemos trabalhar o máximo que pudermos para nossa salvação, e então, de alguma forma, a graça compensará o que estiver faltando. Isso não é verdade! A salvação é *toda* pela graça, e somos salvos *para* as boas obras, não *pelas* boas obras. Outros pregam uma pseudo-graça que não nos transforma para a obediência e não ensina uma vida piedosa. Novamente, sabemos que sempre que a verdadeira graça reinar, a justiça também reinará. Alguns insinuam em seus ensinamentos que Deus dá aos crentes por obrigação, negando o motivo de Deus dar por causa do favor imerecido em Jesus. A graça ajuda a firmar nosso coração, pois uma maneira de testar as falsas doutrinas é examinar seus ensinamentos sobre a graça.

Rejeitando a Ajuda de Deus

Infelizmente, algumas pessoas optam por rejeitar a ajuda que Deus oferece em Sua graça. No entanto, rejeitar essa graça causa grande perigo. O Novo Testamento mostra muitas maneiras pelas quais a graça nos ajuda em nossos momentos de necessidade.

- A graça nos ajuda a *obedecer* (Romanos 1:5).

- A graça nos ajuda a *adorar* (Colossenses 3:16).

- A graça nos ajuda a *falar corretamente* (Colossenses 4:6).

- A graça nos ajuda a *servir a Deus* (Hebreus 12:28).

- A graça nos ajuda a *doar* (2 Coríntios 8:6-7, 9:8).

- A graça nos ajuda a *nos firmarmos na verdade* (Hebreus 13:9).

O cristão derrotado e desanimado muitas vezes recusa a ajuda da graça e confia em suas próprias habilidades para fazer o que Deus quer ajudá-lo a fazer. Às vezes, essa dependência de si mesmo traz sucesso temporário e externo, mas é inútil no longo curso da vida cristã. Lembre-se de que estar desapontado consigo mesmo é resultado de ter confiado em si mesmo, e estar desamparado é não ter ido ao trono da graça para encontrar ajuda. Muitas pessoas querem fazer todas as coisas certas com intenções piedosas, mas suas tentativas estão enraizadas no ego. Esses indivíduos precisam especialmente receber a instrução e a ajuda da graça.

Chegando ao Seu Trono

Algumas pessoas não gostam de pensar em comparecer diante do trono de Deus. Elas vivem cada dia sem saber realmente se são completamente aceitas por Ele ou não. Elas preferem não pensar no retorno de Jesus, porque não têm certeza de como serão recebidas por Ele. Mas a Palavra de Deus ensina que *podemos* comparecer diante do trono da graça, agora mesmo e no dia da vida futura. Se recebemos a graça pela fé em Jesus durante esta vida, então também podemos desfrutar dessa graça na vida futura.

Se rejeitarmos Jesus Cristo e Seu plano de salvação pela graça, teremos que responder no grande trono branco do julgamento. O apóstolo João escreveu:

> *Depois vi um grande trono branco e aquele que nele estava assentado. A terra e o céu fugiram da sua presença, e não se encontrou lugar para eles. Vi também os mortos, grandes e pequenos, de pé diante do trono, e livros foram abertos. Outro livro foi aberto, o livro da vida. Os mortos foram julgados de acordo com o que tinham feito, segundo o que estava registrado nos livros.* (Apocalipse 20:11-12)

Agora temos o privilégio de escolher a qual trono iremos nos dirigir. Na verdade, há apenas um trono, mas escolhemos ir a esse trono como rebeldes que merecem julgamento ou como servos que recebem a graça. E *"como escaparemos nós, se negligenciarmos tão grande salvação?"* (Hebreus 2:3).

É bom pensar no dia em que, de fato, estaremos diante desse incrível trono de Deus. Quando pensamos nesse dia, devemos ser gratos pelo fato de ser um trono de graça, de favor imerecido, que é recebido pela fé genuína em Jesus Cristo. Também devemos ser desafiados a saber que, se ouvirmos Jesus dizer: "Muito bem, servo bom e fiel, entra no gozo do teu Senhor", será porque fomos um servo pelo poder e pela obra da graça. Descansamos sabendo que tudo o que não for da graça será queimado, e essas cinzas não valerão nada diante de Seu trono da graça. Ao buscar a ajuda de que precisamos para viver a vida cristã, devemos viver de acordo com o lema: "Tudo é pela graça, e a graça é para todos".

Capítulo Doze

Graça e Orgulho

Deus se opõe aos orgulhosos, mas concede graça aos humildes (1 Pedro 5:5)

Deus resiste aos orgulhosos - esse é um fato comprovado repetidas vezes nas páginas da Bíblia. Quando Israel exigiu um rei, Deus escolheu Saul, que era um homem muito humilde. Mas o coração de Saul logo se encheu de orgulho e ele se rebelou contra Deus e Sua palavra. Não demorou muito para que o Senhor tirasse o reino de Saul e o desse a um humilde pastor chamado Davi.

Deus também humilhou o rei Nabucodonosor da Babilônia quando o rei se tornou orgulhoso. No auge da glória e do esplendor real de Nabucodonosor, Deus o atingiu com loucura até que ele renunciasse ao seu orgulho e desse glória ao Deus do céu. Também no ministério de Jesus, vemos que Ele frequentemente confrontava o orgulho do homem. Suas repreensões mais fortes não foram dirigidas a adúlteros ou beberrões, mas aos religiosos presunçosos e orgulhosos de Sua época.

É importante perguntar *por quê*. Por que o orgulho é um pecado tão grande? Por que Deus se opõe ao orgulho e é honrado pela humildade do homem? Em seu livro *Cristianismo Puro e Simples*, C.S. Lewis explica parte da resposta:

> De acordo com os professores cristãos, o pecado essencial, o mal máximo, é o orgulho. A falta de castidade, a ira, a cobiça, a embriaguez e tudo o mais não são comparáveis: foi por meio do orgulho que o diabo se tornou o diabo: O orgulho leva a todos os outros vícios: é o estado mental totalmente contrário a Deus.[70]

Em seguida, Lewis expõe a natureza perigosa do orgulho:

> Os outros vícios, menos ruins, vêm do diabo que trabalha em nós por meio de nossa natureza animal. Mas isso não vem de forma alguma por meio de nossa natureza animal. Ele vem diretamente do inferno. É puramente espiritual: consequentemente, é muito mais sutil e mortal.[71]

A grande estratégia de Satanás é nos transformar em religiosos orgulhosos, sem um relacionamento verdadeiro com Jesus. Ele tenta desenvolver em nós a atitude do publicano na parábola de Jesus de Lucas 18:9-14: *"Deus, eu te agradeço por não ser como os outros homens"*, em vez da atitude do cobrador de impostos: *"Deus, tenha misericórdia de mim, pois sou pecador"*. O diabo prefere muito mais um crente orgulhoso do que todo um bando de pecadores depravados. Quando ele olha para um crente que está caminhando no orgulho, ele pode dizer: "Aí está alguém como eu! Consciente das coisas espirituais, mas totalmente tomado de orgulho".

Conquanto a grande obra de Satanás seja nos transformar em religiosos orgulhosos, Deus tem um propósito completamente diferente para nós. O objetivo infernal de Satanás é nos recriar segundo sua própria semelhança demoníaca, mas o grande plano de Deus é restaurar totalmente Sua imagem em nós. E Ele determinou uma maneira específica de iniciar e concluir esse trabalho de restauração. A *graça* é a grande arma que Deus usa para avançar em Seu plano; o *orgulho* é a principal ferramenta do diabo em seu trabalho destrutivo. A compreensão da graça nos permite enfrentar a estratégia sutil do diabo de nos deixar orgulhosos.

Como obtemos a graça

O favor de Deus é valioso. A palavra que Paulo usa para *favor* no grego antigo expressa o quanto esse favor era altamente considerado em sua época. Na época em que Paulo escreveu, a palavra *graça* (charis) era usada para descrever o favor imperial pelo qual presentes eram concedidos às cidades e ao povo do Império Romano.[72] Se a atitude do imperador em relação a você era *charis*, isso significava que você desfrutava de um status e privilégio que aqueles que estavam fora da graça do imperador não conheciam. Receber essa graça significava que você (ou sua cidade) era tido em consideração especial pelo imperador de Roma. No entanto, o favor de Deus é muito maior do que a consideração de qualquer imperador ou pessoa importante. Receber a graça de Deus significa que você é importante para Ele; Ele o considera um de Seus amigos especiais.

Mas como podemos obter esse status de favor aos olhos de Deus? Pode ser útil entender como abordamos a conquista do favor dos outros. As crianças que anseiam por aceitação aprendem desde cedo o que devem fazer para obter a aprovação dos pais; elas entendem quais comportamentos recebem elogios e quais comportamentos são reprovados na escola. Todos nós aprendemos que, para ganhar o favor de um professor, precisamos ser bons. Descobrimos o que o professor exige para a nota que queremos e nos propomos a atender a esses padrões de acordo com as exigências do professor.

Mais tarde, aprendemos que, para ganhar favores de um político, devemos contribuir com uma grande quantia para seu fundo de campanha. Para ganhar o favor de alguém que é popular, devemos fazer coisas para que essa pessoa se sinta ainda mais popular. Em geral, todos esses métodos são bem-sucedidos para receber o favor dos outros, mas nenhum deles funciona para ganhar o favor de Deus. Não podemos obter a graça de Deus sendo bons, nem podemos contribuir com dinheiro suficiente para Sua obra para obter Sua aprovação. É verdade que podemos ganhar o favor dos outros por meio de elogios e lisonjas e, apesar de que Deus seja digno de nossa honra e adoração, mesmo o mais doce elogio não pode nos dar o status especial diante de Deus que a graça pode nos dar. Então, perguntamos: "Como recebemos essa graça?"

Os teólogos discutem sobre a resposta para isso. A Igreja Católica Romana ensina que a graça é obtida por meio do catolicismo - que sua igreja é como um "banco" de graça. Eles acreditam que os grandes santos ao longo dos séculos eram tão bons que receberam a graça de que não precisavam e, por isso, depositaram sua graça "extra" na igreja. Podemos resgatar essa graça realizando diferentes sacramentos. Thomas Torrance explica a visão católica romana sobre como a graça é recebida:

> A Igreja, como corpo de Cristo, era vista como depositária da graça espiritual, que poderia ser dispensada de forma sacramental, segundo a analogia das religiões de mistério. A Igreja, em outras palavras, possuía os meios de graça.[73]

Essa maneira de ver a igreja como um banco de graça, na verdade, começou cedo na teologia cristã. Por exemplo, Inácio (que morreu em algum momento entre 98 e 117 AD) achava que a graça e sua distribuição estavam localizadas especialmente nos bispos da igreja. Posteriormente, pensou-se que isso significava que o padre ou o bispo funcionava como algo parecido com um caixa no "banco da graça" da igreja. Por meio dos sacramentos que ele oferecia, a graça extra dos santos era disponibilizada para a pessoa comum. Assim, na visão da Igreja Católica Romana, a graça é obtida por meio da igreja ao receber os sacramentos.

É compreensível que as pessoas tenham começado a pensar dessa forma. Afinal de contas, alguns santos pareciam merecer e ganhar tanta graça que não conseguiam usá-la toda, enquanto outros ganhavam e mereciam tão pouco. Acreditava-se que os santos piedosos não se importariam em compartilhar sua graça extra com aqueles que precisavam dela. No entanto, essa visão sobre o recebimento da graça contradiz o ensino do Novo Testamento. A Bíblia ensina que a graça é recebida como um presente de Jesus para ser recebido diretamente pelo crente sem a necessidade de intermédio da igreja, do sacerdote ou dos sacramentos. Por exemplo, Paulo disse aos coríntios:

> *Sempre dou graças ao meu Deus por vocês, por causa da graça que dele receberam em Cristo Jesus.*
> (1 Coríntios 1:4)

Quando consideramos o ministério terreno de Jesus Cristo, vemos que Ele era um doador constante de graça. Jesus estava sempre concedendo Seu favor e aprovação àqueles que vinham a Ele pela fé, independentemente de seus méritos ou de merecerem algo. Cristo continua esse trabalho hoje, dando graça livremente àqueles que creem. Paulo repete esse tema de receber a graça de Jesus com frequência:

- *Por meio dele* [Jesus] *e por causa do seu nome, recebemos graça* (Romanos 1:5)

- *por meio de quem* [Jesus] *obtivemos acesso pela fé a esta graça na qual agora estamos firmes; e nos gloriamos na esperança da glória de Deus.* (Romanos 5:2)

- *Nele* [Jesus] *temos a redenção por meio do seu sangue, o perdão das transgressões, de acordo com as riquezas da sua graça* (Efésios 1:7-8)

Thomas Torrance afirma que a igreja começou a errar em sua doutrina da graça quando separou o recebimento da graça da pessoa de Jesus, e que esse erro começou a se infiltrar no início da história da igreja. As pessoas estavam tão cientes da santidade e perfeição de Jesus que achavam difícil acreditar que poderiam vir a Cristo diretamente para receber esse favor precioso e imerecido.[74]

Como Jesus nos ensina a ir diretamente ao Pai por meio dEle (João 14:6), devemos nos proteger de pensar que precisamos de qualquer outro mediador para receber Sua aceitação e aprovação. O Novo Testamento nunca nos diz que um crente deve buscar por qualquer outra pessoa a fim de receber graça a não ser Jesus Cristo.

Quem Quer a Graça?

Com esse incrível acesso direto ao favor de Deus disponível para todos, podemos nos perguntar por que as pessoas não estão dispostas a formar fila para receber a graça de Deus. Imagine o que aconteceria se o seguinte anúncio fosse feito pelo Presidente da República do Brasil: "Todos que vierem ao Palácio do Planalto na próxima quarta-feira ao meio-dia serão considerados amigos especiais do Presidente da República." Suponho que algumas pessoas não se importariam, mas certamente haveria uma fila começando na Praça dos Três Poderes e se estendendo por quilômetros. Muitos gostariam de aproveitar tal oferta. Então, por que as pessoas não respondem da mesma forma à oferta de Deus?

A resposta tem a ver com uma característica especial da pessoa que busca e encontra a graça de Deus. As Escrituras nos dizem que receber a graça depende da humildade:

> *Deus resiste aos orgulhosos, mas concede graça aos humildes.* (1 Pedro 5:5, Tiago 4:6, cada um citando a ideia de Provérbios 3:34)

Essa declaração direta sobre o recebimento da graça de Deus é repetida três vezes na Bíblia. O Espírito Santo repete essa afirmação por um bom motivo. Há uma verdade especial aqui que Deus quis enfatizar e, por isso, Ele a escreveu três vezes! Esta é a essência dessa verdade: *os orgulhosos rejeitam a graça porque a graça se recusa a considerar qualquer mérito ou merecimento que as pessoas acham que têm.* Lembre-se de que a graça, por definição, é um favor imerecido, concedido independentemente de qualquer consideração de mérito por parte de quem a recebe. As pessoas orgulhosas não querem se envolver com um sistema que não leva em conta o quanto elas são incríveis; portanto, elas rejeitam a graça e recebem uma resistência por parte de Deus. A graça e o orgulho são inimigos irreconciliáveis, porque o orgulho exige que seus méritos sejam glorificados, e a graça se recusa a considerar esses méritos.

Por outro lado, os humildes percebem sua própria indignidade e sua total incapacidade de alcançar a dignidade, mas se consideram

161

abençoados por outro princípio fora de si mesmos. Esses são os que dizem: "Deus, seja misericordioso comigo, um pecador", reconhecendo que Ele não lhes deve nada além de julgamento. Quando eles se aproximam de Deus com essa humildade, encontram Seu favor e Sua aprovação esperando por eles. Todos os que se aproximam de Deus devem reconhecer honestamente sua indignidade.

Não é que *conquistamos* a graça por meio de nossa humildade; em vez disso, os humildes recebem naturalmente a graça de Deus, que é dada gratuitamente em Jesus. O orgulho prova que temos uma discordância fundamental com o plano de graça de Deus, porque a graça não se baseia em ganhar e merecer. Quando somos humildes, isso prova que estamos de acordo com esse plano, reconhecendo tanto a nossa indignidade quanto a grandeza de Deus.

Contendo o Orgulho

Sabemos que somente aqueles que deixam de lado o orgulho desejará se aproximar de Deus pelo caminho da graça. Mas também é importante ver que, ao andarmos na graça, a graça impede a perigosa infecção do orgulho na vida do cristão.

A compreensão da graça nos impede de nos orgulharmos de nossa salvação. Como Paulo escreveu:

> *Porque pela graça sois salvos, por meio da fé, e isso não vem de vós; é dom de Deus, não de obras, para que ninguém se glorie.* (Efésios 2:8-9)

Sabendo que nossa salvação e posição de favor com Deus é de acordo com a graça e não com as obras, como podemos nos orgulhar? O que temos para nos vangloriar? Tudo se deve à graça e à bondade de Deus. Portanto, orgulhar-se é ser cego, pois não temos nenhuma posição em nós mesmos; toda a nossa vanglória está em Jesus. Deus fez isso dessa forma para promover a humildade na raça humana, que acha fácil se gloriar em si mesma.

Deus planejou a criação para desenvolver essa humildade na

alma do homem.

Esse propósito não foi esquecido pelo salmista:

Quando contemplo os teus céus, obra dos teus dedos, a lua e as estrelas que ali firmaste, pergunto: Que é o homem, para que com ele te importes? E o filho do homem, para que com ele te preocupes? (Salmo 8:3-4)

Se o trabalho criativo de Deus na natureza foi feito para nos ensinar humildade, quanto mais deveríamos ser humildes pelo trabalho que Deus faz na vida do cristão? Todos em Jesus são uma nova criatura, e uma verdadeira apreciação desse fato sempre produz uma nova criatura que não se vangloria de seus próprios méritos e valor.

Os crentes que ocasionalmente caem no orgulho e na arrogância devem causar grande espanto para os anjos que olham do céu. Os anjos devem se perguntar: *"O que eles têm para se gabar? Não conseguem ver que tudo isso é obra da graça de Deus?"* E o que dizer daqueles que habitualmente demonstram orgulho e arrogância? Viver dessa forma contradiz a verdadeira crença em Deus. Ninguém que genuinamente recebe e experimenta a graça de Deus pode viver uma vida caracterizada pelo orgulho habitual. Essa pessoa deve examinar seu próprio coração para ver se foi enganada por uma falsa conversão. Charles Spurgeon colocou isso da seguinte forma:

Aquele que diz a si mesmo: "Sou justo; posso me apresentar diante de Deus e merecer o Seu amor", está tão certamente perdido quanto se tivesse caído em pecado grave. Tome cuidado com o fariseu que se esconde dentro de você.[75]

O princípio da graça ajuda a corrigir nosso orgulho em relação à nossa própria salvação e também nos ajuda a evitar outras armadilhas comuns do orgulho na vida cristã. Por exemplo, muitos cristãos se orgulham e se vangloriam de sua suposta maturidade e realizações espirituais. Elas não reconhecem que o crescimento espiritual não é merecido; é um dom da graça. Ao permanecermos em Jesus, cresceremos naturalmente e daremos frutos para Deus. Não é que tenhamos conquistado o crescimento espiritual por meio de nossa disciplina e diligência, mas nos colocamos em posição de recebê-lo como um presente gratuito de Deus.

Outra maneira pela qual muitos cristãos tropeçam no orgulho é na área do ministério. Pode ser fácil se vangloriar e se orgulhar da ideia de que Deus nos escolheu para um determinado ministério. Paulo tinha a mentalidade que o mantinha longe desse perigo. Ele aproveitou várias vezes a oportunidade para dizer em suas cartas que reconhecia que seu chamado e ministério não eram resultado de seu mérito, mas da graça de Deus:

> *Pois nós somos cooperadores de Deus; vocês são lavoura de Deus e edifício de Deus. Conforme a graça de Deus que me foi concedida, eu, como sábio construtor, lancei o alicerce, e outro está construindo sobre ele. Contudo, veja cada um como constrói.* (1 Coríntios 3:9-10)

> *Mas, pela graça de Deus, sou o que sou, e sua graça para comigo não foi em vão; antes, trabalhei mais do que todos eles; contudo, não eu, mas a graça de Deus comigo.* (1 Coríntios 15:10)

> *Mas Deus me separou desde o ventre materno e me chamou por sua graça. Quando lhe agradou revelar o seu Filho em mim para que eu o anunciasse entre os gentios, não consultei pessoa alguma.* (Gálatas 1:15-16)

É triste que os ministros e outros líderes da igreja possam ser vaidosos e orgulhosos, achando que seu ministério é o mais importante e competindo com outros pelos holofotes. Também é trágico que muitos líderes gostem da distinção entre "clérigos" e "leigos", e que alguns entrem no ministério para reforçar uma baixa autoimagem. Mas Paulo é um excelente exemplo de alguém que entendeu que seu chamado e trabalho se baseavam no favor imerecido de Deus; não havia nada de merecimento próprio nisso.

De fato, é difícil imaginar uma pessoa mais indigna para o ministério do que Saulo de Tarso, mas Deus o chamou. Como é característico da graça de Deus não esperar pelo desempenho humano, Sua graça pode chamar alguém como Saulo, o perseguidor, e transformá-lo em Paulo, o apóstolo. O grande missionário e teólogo da igreja apostólica sabia que não havia lugar para o orgulho ou a glória própria em seu ministério, e devemos admitir o mesmo em relação a qualquer ministério para o qual Deus nos chamou.

Outra área em que somos vulneráveis ao orgulho é a dos dons sobrenaturais concedidos pelo Espírito Santo para o serviço no corpo de Cristo. Paulo teve o cuidado de nos dizer que esses dons são concedidos com base na graça, não nas obras:

> *E a cada um de nós foi concedida a graça, conforme a medida repartida por Cristo. E ele designou alguns para apóstolos, outros para profetas, outros para evangelistas, e outros para pastores e mestres.* (Efésios 4:7, 11)

> *Pois pela graça que me foi dada digo a todos vocês: ninguém tenha de si mesmo um conceito mais elevado do que deve ter; mas, pelo contrário, tenha um conceito equilibrado, de acordo com a medida da fé que Deus lhe concedeu. Temos diferentes dons, de acordo com a graça que nos foi dada. Se alguém tem o dom de profetizar, use-o na proporção da sua fé. Se o seu dom é servir, sirva; se é ensinar, ensine; se é dar ânimo, que assim faça; se é contribuir, que contribua generosamente; se é exercer liderança, que a exerça com zelo; se é mostrar misericórdia, que o faça com alegria.* (Romanos 12:3, 6-8)

Seja qual for a sua opinião sobre os dons do Espírito Santo e o lugar deles na vida da igreja, você provavelmente conhece algumas pessoas que exercem esses dons em uma atitude de superioridade. Paulo tem o cuidado de observar que não há absolutamente nenhuma base para essa atitude. Os dons não são apenas concedidos pela graça, eles também são expressões da graça. Isso é indicado pelas palavras específicas que Paulo usa para descrever os dons espirituais no idioma original do Novo Testamento. *Charis* (graça) é a raiz de *charisma* (dom espiritual). Paulo está dizendo que esses dons espirituais são, de fato, dons da graça. Em sua própria raiz, eles são imerecidos e não por méritos. Parece que Paulo inventou esse termo para expressar o pensamento de um dom concedido com base na graça. Quando entendemos que esses dons são concedidos com base na graça, isso serve como uma proteção contra a autocongratulação, a presunção ou uma atitude de orgulho em relação a qualquer dom espiritual. Afinal de contas, como podemos nos orgulhar de algo que foi dado completamente sem mérito? Nosso orgulho em relação a esses dons da graça é um mistério.

Graça e Glória

Se a compreensão da graça efetivamente tira o foco de nossos próprios méritos e dignidade, ela também é igualmente eficaz para colocar o foco no caráter majestoso e na santidade de Deus. Portanto, Deus criou uma maneira de nos tornarmos canais de Sua graça para os outros. Podemos transmitir graça a outras pessoas pelo que dizemos:

> *Nenhuma palavra torpe saia da boca de vocês, mas apenas a que for útil para edificar os outros, conforme a necessidade, para que conceda graça aos que a ouvem.* (Efésios 4:29)

Deus quer que recebamos Sua graça e depois O imitemos, amando os outros e encorajando-os, quer eles mereçam ou não. Temos a oportunidade de demonstrar o favor de Deus aos outros, mostrando-lhes um amor e uma aceitação que não se baseiam em seus méritos ou desempenho. Por meio de nossas palavras, temos uma oportunidade especial de fazer isso, pois o que dissermos expressará uma atitude graciosa ou uma atitude que baseia a aceitação no desempenho. Uma das maneiras pelas quais Deus comunica Sua graça é por meio das palavras cheias de graça que Ele nos disse. Damos graça a outras pessoas da mesma forma, assegurando-lhes nosso amor e favor, mesmo quando elas se sentem indignas.

Pedro expressa essa ideia sobre a graça em sua primeira carta:

Servi uns aos outros, cada um conforme o dom que recebeu, como bons despenseiros da multiforme graça de Deus. (1 Pedro 4:10)

Notavelmente, a palavra que Pedro usa para *dom* aqui é *charisma*, a mesma palavra que Paulo usa para "dons espirituais" ou "dons da graça". Pedro disse que devemos agir como bons administradores da graça de Deus. Muitas vezes ouvimos falar sobre sermos bons administradores do nosso dinheiro, mas não ouvimos com frequência que devemos ser bons administradores da graça que Deus nos dá. O Senhor nos confia a graça para que possamos nos tornar distribuidores dela a outros necessitados. É claro que ninguém pode realmente distribuir a graça de Deus que é necessária para a salvação, mas podemos ser exemplos do caráter generoso e amoroso da graça. Esse tipo de vida despertará o interesse e preparará o coração daqueles que ainda não se achegaram a Deus por meio de Jesus para receber Seu favor e Sua aprovação pela fé. Como mordomos fiéis do favor imerecido de Deus, podemos alcançar aqueles que não se achegam à Sua graça e dar-lhes um vislumbre dela por meio de nossa vida graciosa. Depois que eles virem a graça demonstrada em nós, poderemos apresentá-los a Deus e à Sua graça salvadora.

Ao cumprirmos nosso dever de sermos "bons despenseiros da multiforme graça de Deus", a humildade é fundamental. Se considerarmos essa responsabilidade como uma recompensa pelo serviço fiel, ministraremos aos outros com uma mentalidade condescendente que comunica: *"Acho que sou melhor do que você"*. Sem deixar de lado o orgulho, chamaremos a atenção para o mordomo e não para *a multiforme graça de Deus*.

Essa distribuição da graça por meio daqueles que a recebem traz graças e glória a Deus. Paulo, sempre falando da graça, disse:

Tudo isso é para o bem de vocês, para que a graça, que está alcançando um número cada vez maior de

167

> *pessoas, faça transbordar as ações de graças para a*
> *glória de Deus.* (2 Coríntios. 4:15)

Quando as pessoas virem o resultado da graça em nossa vida e ouvirem nosso testemunho das mudanças que ela traz, muitos agradecerão e glorificarão a Deus como o grande doador da graça. Esse é o objetivo de andar na graça: trazer glória a Deus em gratidão pelo que Ele fez por nós. O desejo de vê-Lo glorificado torna-se nossa motivação para sermos bons administradores de Sua graça. E se o Mestre é glorificado, o servo fica satisfeito.

Dois Caminhos

No plano de Deus, podemos receber Sua graça diretamente de Jesus, mas somente aqueles que vierem com humildade desejarão ou encontrarão a graça. Isso ocorre porque o orgulho - o oposto da humildade - é inimigo da graça. A graça vê mérito apenas em Jesus, e o orgulho exige o reconhecimento de seu próprio mérito. Também entendemos que nossa salvação, nosso ministério e nossos dons espirituais são todos concedidos com base na graça; portanto, não podemos receber crédito por nenhum deles. No plano da graça de Deus, também temos a oportunidade de glorificá-Lo sendo canais, ou administradores, dessa graça. Dar graça aos outros imita a maneira como Ele a dá a nós.

Tudo o que temos em Jesus, nós o temos pela graça. Acrescentamos a isso um desejo genuíno de ser um canal da graça de Deus para os outros. Somente com essa mentalidade podemos nos manter em guarda contra a infecção do orgulho. De certa forma, há dois exércitos em guerra e cada um deles busca recrutas. Para nos alistarmos no exército do inferno, aprendemos os caminhos do orgulho e da glória própria. Para nos alistarmos no exército do céu, precisamos aprender os caminhos da graça e da humildade. Devemos tomar muito cuidado para nos certificarmos de que estamos do lado certo na guerra contínua entre a graça e o orgulho.

Capítulo Treze

Graça Eterna

Na minha cidade natal, Santa Bárbara, um dos meus lugares favoritos são as colinas ao longo do limite norte. Quando dirijo até essas colinas, posso contemplar a vista deslumbrante de toda a cidade. Deste ponto de vista, vejo toda a linha costeira e, num dia claro, a vista estende-se sobre o Pacífico azul com as Ilhas do Canal ao longe. Quando as pessoas de fora da cidade vêm visitar-me, gosto de os levar às colinas para que também possam ver esta bela paisagem. Esta vista também os ajuda a compreender como a cidade está organizada e evita que se percam.

Quando temos uma visão geral de algo, podemos entender mais facilmente como os pormenores se encaixam. Isto é especialmente verdade quando consideramos o plano de Deus para a raça humana.

Ganhamos muito com um estudo cuidadoso do plano de Deus para a criação e para a raça humana. Para a maior parte de nós, é fácil não perceber os grandes temas da Bíblia, e pensamos nas Escrituras como uma coleção de versículos individuais, em vez de uma história do princípio ao fim. Uma coisa é estarmos conscientes do amor de Deus na nossa própria experiência, mas as nossas experiências são limitadas. Ver como Deus demonstrou o Seu amor por nós ao longo de toda a eternidade dá uma nova perspectiva sobre uma verdade conhecida. Há uma bênção semelhante em traçar o curso de qualquer aspecto do caráter ou plano de Deus, começando na eternidade passada e seguindo até a era vindoura. Apesar de que haja grande benefício em realizar um estudo detalhado de cada aspecto do plano de Deus para as eras, nosso foco é o que a Bíblia diz sobre o lugar da graça de Deus nesse plano eterno.

Graça na Eternidade Passada

> *Que nos salvou e nos chamou com uma santa vocação, não em virtude das nossas obras, mas por causa da sua própria determinação e graça. Esta graça nos foi dada em Cristo Jesus desde os tempos eternos* (2 Timóteo 1:9)

É difícil imaginar isso, mas Paulo nos diz aqui que Deus deu Sua graça ao Seu povo antes do início dos tempos. Há muita coisa que nós não sabemos sobre isso. Nós não sabemos exatamente como a obra da graça de Deus se relaciona com nossa livre escolha - antes do início dos tempos. Não sabemos como Deus poderia dar graça para a salvação de Seus santos quando eles existiam apenas em Seu conhecimento do futuro. E também não sabemos como Deus poderia dar graça a pessoas que ainda nem sequer foram criadas.

Uma explicação parcial desse grande mistério é que essa graça nos foi dada *"em Cristo antes do início dos tempos"*. Podemos compreender mais facilmente que o Pai e o Filho tinham uma relação mútua de graça na eternidade passada. Paulo nos diz que porque nós somos identificados com Cristo, nós somos feitos herdeiros desse mesmo relacionamento eterno de graça. E porque *"todos somos filhos de Deus pela fé em Cristo Jesus"* (Gálatas 3:26), partilhamos os benefícios da filiação de Cristo. Um desses benefícios é a herança de uma graça eterna. De alguma forma, para além da nossa total compreensão, Deus tinha um plano eterno para nós.

Perceber que o plano da graça para nós começou na eternidade passada é uma revelação extraordinária. A decisão de Deus de lidar com o homem com base na graça não foi uma decisão posterior ou um "plano B". O nosso Criador não é como alguém que planeja de forma ineficiente que tentou o seu melhor com um método, descobriu que não funcionava e depois passou para outro método. Deus não decidiu subitamente abandonar um sistema ineficaz de lei para lidar com o homem; a lei foi uma preparação necessária para o sistema da graça. Mesmo que os caminhos da lei e da graça sejam métodos irreconciliáveis de se relacionar com Deus, a lei prepara muito bem a mente, o coração e a alma do homem para o favor imerecido de Deus.

A graça não é uma coisa nova no plano de Deus, e isso é demonstrado pela Sua promessa de um Messias. No primeiro aparecimento da necessidade do homem, Deus fez a promessa solene de um Salvador vindouro do pecado e do engano demoníaco. Deus assegurou tanto ao homem como a Satanás que, da semente da mulher, viria Alguém que esmagaria a cabeça de Satanás e acabaria com a sua capacidade de manter a humanidade acorrentada. Sim, o próprio Messias seria ferido no decorrer da batalha, mas Ele também feriria o diabo e toda a sua espécie. A graça estava implícita em uma promessa tão antiga de um Messias Redentor. A promessa foi motivada pelo amor gracioso de Deus. Será que a humanidade merecia tal redentor ou merecia tal promessa? Quando é que fomos tão bons, gentis ou amorosos a ponto de sermos dignos de tal garantia? Nunca merecemos esse plano de redenção, mas a promessa do Messias foi uma antiga evidência do plano de graça de Deus.

Quando consideramos a história da graça, também pensamos em como Deus demonstrou Sua natureza graciosa ao longo de Sua relação com Israel e com os patriarcas no Antigo Testamento. Pense em Jacó - um trapaceiro, traiçoeiro e sorrateiro - que mentiu para seu pai e roubou o direito de primogenitura de seu irmão. Será que ele merecia esse direito de primogenitura? Será que ele ganhou o direito à incrível proteção e bênção de Deus sobre sua família e suas finanças? É claro que ele não mereceu essas bênçãos, mas Deus as concedeu a partir das riquezas de Sua graça.

Considere Moisés, que era um assassino e um fugitivo. Ele não fez nada para que Deus dissesse: "Bem, Moisés ganhou o direito de liderar seu povo e experimentar a mais íntima comunhão comigo que qualquer homem já teve". Deus concedeu esses privilégios e bênçãos a Moisés com base na graça, não em obras ou mérito. O trabalho de Deus na vida de homens como Jacó e Moisés mostra que Ele lida com as pessoas por um sistema de graça, independentemente do que eles merecem. Ainda que a graça tenha chegado em sua plenitude por meio de Jesus Cristo, o Deus de toda a graça teve de revelar esse aspecto de Seu caráter em Seu relacionamento com a humanidade antes da vinda de Jesus.

Graça no Aqui e Agora

A boa notícia para nós é que, embora a graça de Deus seja antiga e se estenda até a eternidade passada, ela também é moderna e está pronta para nos encontrar onde estamos hoje. Como crentes, nossa posição atual diante de Deus é caracterizada pela graça:

> *Lhes escrevi resumidamente, encorajando-os e testemunhando que esta é a verdadeira graça de Deus. Mantenham-se firmes na graça de Deus.*
> (1 Pedro 5:12)

Estamos seguros em uma posição de favor e bênção a ser recebida pela fé, não conquistada por boas ações. Ao desfrutarmos desse favor, também recebemos o desejo e a capacidade de servir a Deus corretamente. Tendo recebido tanto, devemos então trabalhar e honrar a Deus por meio de nossa obediência, trabalhando para Seu reino e fazendo tudo isso por gratidão por Suas bênçãos. A graça também nos capacita a permanecer e perseverar na batalha espiritual. Sabemos que Deus é por nós, não contra nós.

Pedro nos diz outra coisa importante sobre a graça no aqui e agora:

> *Cresçam, porém, na graça e no conhecimento de nosso Senhor e Salvador Jesus Cristo.* (2 Pedro 3:18)

Pedro quer que os cristãos se lembrem de que a graça deve continuar sendo uma parte essencial de nosso crescimento e maturidade. Nós crescemos na graça, não além dela. A graça deve continuar sendo nosso princípio de vida para nos conectarmos a Deus. Charles Spurgeon, o grande pregador da Inglaterra do período vitoriano, falou poderosamente sobre esse ponto:

> Mas você notará que nosso texto não diz nada sobre a graça crescer; não diz que a graça cresce em si mesma. Ele nos diz para "crescer na graça". Há uma grande diferença entre a graça crescer e o nosso crescimento na graça. A graça de Deus nunca aumenta; ela é sempre infinita, portanto, não pode ser mais; é sempre eterna; é sempre inesgotável; é sempre sem limites. Não pode ser mais; e, na natureza de Deus, não poderia ser menos. O texto nos diz para "crescer na graça". Estamos no mar da graça de Deus; não podemos estar em um mar mais profundo, mas vamos crescer agora que estamos nele.[76]

Graça na Eternidade Futura

O apóstolo Pedro viu que a graça era para nós hoje, no aqui e agora, mas ele também sabia que a obra da graça não terminaria quando deixássemos esta existência terrena; a graça nos seria dada no retorno de Jesus Cristo:

> *Portanto, estejam com a mente preparada, prontos para a ação; sejam sóbrios e coloquem toda a esperança na graça que lhes será dada quando Jesus Cristo for revelado.* (1 Pedro 1:13)

A graça deve ser a base de nossa esperança no retorno de Jesus. Se não fosse pela graça e seu trabalho em nossa vida, jamais poderíamos esperar suportar o aparecimento de um Deus tão santo. Nossa esperança está na graça e não em nosso trabalho árduo, nossos esforços sinceros ou nossa devoção à doutrina. Se não fosse pela graça e seu caráter imerecido, não receberíamos Jesus; nos afastaríamos de Sua presença. Nosso pecado e nossa vergonha seriam expostos em toda a sua escuridão ao lado de Sua pureza absoluta, e seríamos como aqueles descritos no livro de Apocalipse que imploram para que as rochas os cubram em uma tentativa vã de se esconder de Sua santidade (Apocalipse 6:16).

Preparar-se para a segunda vinda de Jesus é uma obra que Deus realiza em nós, e podemos então descansar em Sua graça e trabalhar junto com ela. A chave é permanecer no Deus de toda a graça e confiar em Sua promessa de nos preparar para esse dia. Se dependêssemos de nossos próprios esforços, nunca estaríamos prontos.

O incentivo de Pedro para depositarmos nossa esperança nessa graça futura é apresentado no contexto de um desafio para uma vida correta. A promessa da graça futura é dada em meio a um chamado à santidade:

> *Como filhos obedientes, não se deixem amoldar pelos maus desejos de outrora, quando viviam na ignorância. Mas, assim como é santo aquele que os chamou, sejam santos vocês também em tudo o que fizerem, pois está escrito: "Sejam santos, porque eu sou santo".* (1 Pedro 1:14-16)

Algumas pessoas podem pensar que um chamado à santidade não se enquadra na mesma passagem que fala da grande graça que nos será concedida no aparecimento de nosso Senhor. Mas Pedro entendeu que, quando compreendemos plenamente nosso destino, nos tornamos mais apaixonados em nossa busca por ele. Quando entendemos que, pela graça, Deus está comprometido a nos acompanhar até o fim, ganhamos coragem e força para prosseguir na corrida. É errado pensar que a graça nos dispensa de buscar a santidade. Em vez disso, a verdadeira graça, devidamente recebida e compreendida, nos libera para buscar uma vida santa de forma mais diligente e eficaz.

O trabalho que a graça faz ao nos preparar para encontrar Jesus em Sua aparição é algo notável. No entanto, o plano da graça se estende para além do dia de Seu retorno, até a eternidade futura. O propósito eterno de Deus nas eras vindouras é mostrar as riquezas excessivas de Sua graça para conosco. Como escreveu o apóstolo Paulo:

*Para mostrar, nas eras por vir, a incomparável
riqueza da sua graça, demonstrada na sua bondade
para conosco em Cristo Jesus.* (Efésios 2:7)

Um dos grandes propósitos de Deus em nossa salvação é
mostrar Sua graça em toda a sua glória. Dentro do plano da graça,
Deus recebe todo o crédito e toda a glória pela salvação do homem.
Se o homem pudesse ser salvo pelo sistema da Lei, ele poderia, com
razão, receber parte do crédito pela salvação, mas sob o plano da
graça, somente os méritos de Jesus são reconhecidos. Não podemos
nem mesmo levar o crédito pela fé que nos permitiu receber a graça
de Deus, porque até mesmo isso é um dom de Deus (Efésios 2:8).

Entendendo isso, podemos ver como deve ser ofensivo para
Deus quando alguns fazem da salvação uma questão de obras e
não de graça. Se a salvação fosse possível em um sistema de obras,
então o homem poderia legitimamente receber parte do crédito
e da glória. Essa estratégia frustra o plano de Deus de revelar Sua
glória ao tornar a salvação disponível somente como um dom
gratuito a ser recebido em Jesus Cristo.

Podemos ter certeza de que, nas maravilhas da era vindoura,
Deus encontrará novas e maiores maneiras de dar glória à Sua
graça. O plano de graça de Deus continuará a nos surpreender na
eternidade futura.

A graça não é um método temporário de Deus lidar com o
homem; é Seu plano e propósito eternos. Não precisamos nos
preocupar se Ele mudará as regras em relação a nós, porque Seu
plano para nós começa, continua e termina na graça.

Um Plano Eterno

Não é difícil descobrir o que Deus quer com esse plano de
graça. Ele simplesmente deseja que muitos recebam Sua graça,
dando maior glória ao Deus que a concedeu. Quando mais pessoas
honram o plano de graça de Deus, Ele recebe mais glória daqueles
que foram criados à Sua imagem. Deus quer que todas as pessoas
O louvem e O adorem, o Deus de toda a graça, e Ele quer que a
graça seja um lugar de descanso, base segura e vitória para o crente.

Apêndice

ALGUMAS PALAVRAS SOBRE A GRAÇA
por William Newell[77]

I. A Natureza da Graça

1. Graça é Deus agindo livremente, de acordo com Sua própria natureza como o Amor; sem promessas ou obrigações a cumprir; e agindo, é claro, com justiça - em vista da cruz.

2. A graça, portanto, não tem causa no receptor: sua causa está totalmente no DOADOR, em DEUS.

3. A graça também é soberana. Sem ter dívidas a pagar ou condições cumpridas por parte do homem para esperar, ela pode agir em relação a quem e como quiser. Ela pode, e frequentemente o faz, conceder aos piores merecedores os maiores favores.

4. A graça não pode agir onde há falta ou aptidão: A graça não ajuda - ela é absoluta, ela faz tudo.

5. Não havendo nenhuma causa na criatura para que a Graça seja mostrada, a criatura deve ser impedida de tentar dar uma causa a Deus por Sua Graça.

6. A descoberta, por parte da criatura, de que ela é verdadeiramente o objeto da graça divina, produz a maior humildade: pois o receptor da graça é levado a conhecer sua própria indignidade absoluta e sua completa incapacidade de alcançar a dignidade: ainda assim, ele se vê abençoado - em outro princípio, fora de si mesmo!

7. Portanto, a carne não tem lugar no plano da Graça. Essa é a grande razão pela qual a Graça é odiada pela mente natural e orgulhosa do homem. Mas, por essa mesma razão, o verdadeiro crente se alegra! Pois ele sabe que "nele, isto é, em sua carne,

não há bem algum"; e, ainda assim, ele encontra Deus feliz em abençoá-lo, exatamente como ele é!

II. O Lugar do Homem Sob a Graça

1. Ele foi aceito *em Cristo*, que é a sua posição!

2. Ele não está "em experiência".

3. Quanto à sua vida passada, *ela não existe* diante de Deus: ele *morreu* na cruz, e *Cristo é sua vida.*

4. A graça, uma vez concedida, *não é retirada*, pois Deus conhecia de antemão todas as exigências humanas: Sua ação foi independente delas, não dependente delas.

5. O fracasso da devoção não causa a retirada da graça concedida (como aconteceria com a lei). Por exemplo: o homem em 1 Coríntios 5:1-5; e também aqueles em 11:30-32, que não "julgaram" a si mesmos, e assim foram "julgados pelo Senhor, para que não fossem condenados com o mundo"!

III. A Atitude Adequada do Homem sob a Graça

1. *Crer* e consentir em ser *amado* mesmo sendo *indigno* é o grande segredo.

2. Recusar-se a fazer "resoluções" e "votos", pois isso é confiar na carne.

3. Esperar ser abençoado, mesmo que percebendo cada vez mais a falta de valor.

4. Testemunhar a bondade de Deus, em todos os momentos.

5. Ter certeza do favor futuro de Deus, mas ter uma consciência cada vez mais terna em relação a Ele.

6. Confiar na mão corretiva de Deus como uma marca de Sua bondade.

7. Um homem sob a graça, se for como Paulo, não tem fardos

em relação a si mesmo, mas muitos em relação aos outros.

IV. *Coisas que Almas Graciosas Descobrem*

1. "Esperar ser melhor" é deixar de ver a si mesmo *em Cristo somente.*

2. Estar *desapontado* consigo mesmo é ter *acreditado* em si mesmo.

3. Estar *desanimado* é *descrença* - quanto ao propósito e ao plano de bênção de Deus para você.

4. Ser *orgulhoso* é ser *cego*! Pois não temos nenhuma posição diante de Deus, em *nós mesmos.*

5. A falta de bênção divina, portanto, vem da *descrença*, e não da *falta de devoção.*

6. A verdadeira *devoção* a Deus surge, não da *vontade do homem* de demonstrá-la, mas da descoberta de que a bênção *foi recebida* de Deus enquanto ainda éramos *indignos e não devotados.*

7. Pregar a devoção em primeiro lugar, e a bênção em segundo, é inverter a ordem de Deus e pregar a *lei, não a graça.* A Lei fez com que a bênção do homem dependesse da devoção; a Graça *confere bênçãos imerecidas e incondicionais*: nossa devoção pode seguir, mas nem sempre acontece na medida adequada.

Notas

1. Wendell W. Watters, "Christianity and Mental Health" [Cristianismo e Saúde Mental], The Humanist (novembro/dezembro de 1987), páginas 5-11.

2. Ibid, página 5.

3. Ibid, página 8.

4. Ibid, página 10.

5. Ibid, páginas 7, 10 e 7.

6. Ibid, página 8.

7. Alexander Maclaren, Expositions of Holy Scripture volume 15 (Grand Rapids: Baker Book House, 1984), páginas 141-142.

8. Charles Spurgeon, "Paul's Parenthesis", The Metropolitan Tabernacle Pulpit, Volume 54 (Pasadena, Texas: Pilgrim Publications, 1978), página 140.

9. James Moffatt, Grace in the New Testament (Londres: Hodder and Stoughton, 1931), página 392.

10. Steven Turner, Amazing Grace: The Story of America's Most Beloved Song (Nova York: Harper Collins, 2003), página 196.

11. Ibid, página 186.

12. Ibid, página xxvii.

13. A. Morgan Derham, "Newton, John", The New International Dictionary of the Christian Church (Grand Rapids: Zondervan, 1974).

14. Turner, página 108.

15. Essa frase de Agostinho é frequentemente atribuída a ele, mas sem citação.

16. Associated Press, conforme relatado no The New York Times, "Reagan Tells of Gaffe with Mrs. Mitterrand", 7 de abril de 1984.

17. Charles Caldwell Ryrie, The Grace of God (Chicago: Moody Press, 1963), página 20.

18. Moffatt, página 21.

19. Ibid, página 28.

20. Ibid, página 25.

21. Aristóteles citado por Moffatt, página 25.

22. Kenneth S. Wuest, Philippians: in the Greek New Testament, (Grand Rapids, Michigan WM. B. Eerdmans Publishing Co., 1951), página 29.

23. G. Campbell Morgan The Corinthian Letters of Paul (Old Tappan, Nova Jersey: Fleming H. Revell, 1946), página 251.

24. Wuest, página 29.

25. Moffatt, página xv.

26. Ryrie, página 9.

27. Moffatt, página 9.

28. Ryrie, página 28.

29. Oscar Hardman, The Christian Doctrine of Grace, (Nova York: Macmillan, 1947), página 11.

30. Alan Redpath, Blessings out of Buffetings, (Grand Rapids, Michigan: Fleming H. Revell, 1993) página 154.

31. Clifton Fadiman, The Little, Brown Book of Anecdotes

(Boston: Little, Brown, and Company, 1985) página 357.

32. "United States v. Wilson," https://en.wikipedia.org/wiki/United_States_v._Wilson

33. Moffatt, página 7.

34. Ibid, página 132.

35. Fadiman, página 188.

36. Thomas Torrance, The Doctrine of Grace in the Apostolic Fathers (A Doutrina da Graça nos Pais Apostólicos) Grand Rapids: Eerdmans, 1948), página 39.es

37. Moffatt, página 132.

38. Leon Morris, The Epistle to the Romans [A Epístola aos Romanos] (Grand Rapids: Eerdmans, 1988), página 219.

39. Kenneth S. Wuest, Romans in The Greek New Testament (Grand Rapids: Eerdmans, 1955), página 78.

40. Charles Spurgeon, "Growth in Grace", The Metropolitan Tabernacle Pulpit, Volume 46 (Pasadena, Texas: Pilgrim Publications, 1977), página 530.

41. Moffatt, página 30.

42. Ibid, página 31.

43. Lewis Chafer, Grace, The Glorious Theme (Grand Rapids: Zondervan, 1922), página 157.

44. Fadiman, páginas 588-589.

45. Ibid, página 248.

46. Ninguém me ama, Nora Ney 1952

47. Fadiman, página 169.

48. https://en.wikipedia.org/wiki/The_Last_Supper_ (Leonardo_da_ Vinci)

49. D. Martin Lloyd-Jones, God's Ultimate Purpose (Grand Rapids: Baker, 1979), página 136.

50. De uma história contada por Booker T. Washington (gravação de 1903) http:// historymatters.gmu. edu/d/88/

51. Martinho Lutero, A Commentary on St. Paul's Epistle to the Galatians (Comentário sobre a Epístola de São Paulo aos Gálatas) (Grand Rapids: Zondervan, 1937) página 158.

52. Ver Kenneth Wuest, The New Testament - An Expanded Translation (Grand Rapids: Eerdmans, 1961) página 360 e Morris, página 242.

53. Agostinho, encontrado em A Library of the Fathers of the Holy Catholic Church, (Oxford: John Henry Parker, 1847) página 248.

54. Thomas Brooks, "A Cabinet of Jewels", The Works of Thomas Brooks, Volume III (Edinburgh: James Nichol, 1866) página 318.

55. Dietrich Bonhoeffer, The Cost of Discipleship (Nova York: Macmillan, 1979) páginas 45-46.

56. Charles Spurgeon, "The World on Fire", The Metropolitan Tabernacle Pulpit, Volume 19 (Pasadena, Texas: Pilgrim Publications, 1981), página 441.

57. Kenneth S. Wuest, Romans in The Greek New Testament (Grand Rapids: Eerdmans, 1955), páginas 109-111.

58. Do International Movie Database: http://www.imdb.com/ title/ tt0054331/trivia?tab=qt&ref_=tt_trv_qu

59. Thomas B. Costain, The Three Edwards (Garden City, Nova York: Doubleday & Company, 1958), páginas 179-

180.

60. Dwight Lyman Moody, Moody's Anecdotes (Chicago: Rhodes & McClure Publishing Co., 1896), páginas 144-145.

61. Redpath, página 236.

62. Edward Cardwell, Syodalia - A Collection of Articles of Religions, Canons, and Proceedings of Convocations, Volume 1 (Oxford: The University Press, 1842), página 21.

63. Charles Spurgeon, "The Safeguards of Forgiveness", The Metropolitan Tabernacle Pulpit, Volume 52 (Pasadena, Texas: Pilgrim Publications, 1978), página 163.

64. John Bunyan, The Pilgrim's Progress (Grand Rapids: Baker, 1978), páginas 389-390.

65. Fadiman, página 383.

66. Sergei Kourdakov, *Sergei* (London: Oliphants, 1973).

67. See Kenneth Scott Latourette, *A History of Christianity Volume 1*(Peabody, Massachusetts, Prince Press, 1997) páginas 137-138.

68. Charles Spurgeon, "Lessons on Divine Grace," (Lições sobre a Graça Divina) *The Metropolitan Tabernacle Pulpit, Volume 49* (Pasadena, Texas: Pilgrim Publications, 1977) página 256.

69. Maclaren, página 335.

70. C.S. Lewis, *Mere Christianity,* (Cristianismo Puro e Simples) Nova York: Macmillan, 1943, página 109.

71. Ibid, páginas 111-112.

72. Oscar Hardman, *The Christian Doctrine of Grace*

[A doutrina cristã da graça] (Nova York: The Macmillan Company, 1947), página 11.

73. Torrance, página 141.

74. Ibid.

75. Charles Spurgeon, *"The Danger of Unconfessed Sin"* [O perigo do pecado não confessado], The Metropolitan Tabernacle Pulpit, Volume 23 (Pasadena, Texas: Pilgrim Publications, 1979), página 426.

76. Charles Spurgeon, "Growth in Grace," [Crescendo na Graça] *The Metropolitan Tabernacle Pulpit, Volume 46* (Pasadena, Texas: Pilgrim Publications, 1977) página 530.

77. William R. Newell, *Romans Verse by Verse* [Romanos versículo por versículo] (Chicago: Moody Press, 1979), páginas 245-249.

Comentários do Autor

Este livro foi iniciado em meados da década de 1980, como resultado de uma profunda obra da graça de Deus em minha vida. Espero sinceramente que a mensagem da graça que me tocou tão profundamente também toque outras pessoas.

Ao longo dos anos em que este livro esteve em minha mente e bagunçado em um computador, Deus mostrou Sua graça para mim de forma tão maravilhosa em Jesus Cristo e por meio de Sua Palavra; além disso, também de muitas maneiras e por meio de muitas pessoas. Dessas pessoas, nenhuma me mostrou mais graça e bondade do que minha maravilhosa e preciosa esposa Inga-Lill. Na verdade, não há mais ninguém a quem eu poderia dedicar este livro. Obrigado, Inga-Lill.

Alguns outros merecem um reconhecimento especial:

- A Debbie Pollaccia por seu inestimável trabalho de revisão.

- Lance Ralston, por não me deixar esquecer esse manuscrito.

- Meus muitos amigos e colegas que serviram a Deus ao longo dos anos.

- Esta edição revisada deve uma gratidão especial a Nancy Aguilar, cujo trabalho editorial e de revisão tornou este livro muito melhor.

- Um agradecimento especial a Rudson Moura e Edney Alves pela tradução e revisão desta versão em português.

- A capa desta edição revisada foi desenhada por Brian Procedo, cujo trabalho recomendo vivamente. Entre em contato com ele pelo e-mail brian@brianprocedo.com

A cada ano que passa, amigos e apoiadores fiéis se tornam ainda mais preciosos. Por meio de todos vocês, Deus tem sido melhor para mim do que eu jamais mereci.